Marquis de Sade / DAS MISSGESCHICK DER TUGEND

Donatien Alphonse François
MARQUIS DE SADE

DAS MISSGESCHICK
DER TUGEND

Erstfassung des unter dem Titel
»JUSTINE, ODER DAS UNGLÜCK DER TUGEND«
erschienenen Romans

MERLIN VERLAG

GIFKENDORF

Titel des französischen Originals:
LES INFORTUNES DE LA VERTU
Deutsch von Katarina Hock

© MERLIN VERLAG Andreas Meyer Verlagsgmbh & Co KG
Alle Rechte vorbehalten
Druck: Poeschel & Schulz-Schomburgk, Eschwege
Einband: Bernhard Gehring, Bielefeld
2. Auflage, Gifkendorf 1990
ISBN 3-926112-17-4

VORWORT

Der Ruhm, dessen sich Sades bekannteste Romanheldin, die tugendhafte Justine, beim deutschen Publikum erfreut, ist noch immer recht zweifelhafter Natur: „Erotikasammler" lassen sich von augenzwinkernden Antiquaren die sogenannten Liebhaberausgaben reservieren, die diesen Ruhm begründet haben. In deutscher Sprache gibt es deren nicht allzuviele; die einen sind mit den derb-deutlichen zeitgenössischen Kupferstichen geschmückt, die anderen mit modernistischen Illustrationen; allen gemeinsam ist die unverholene Absicht der sexuellen Stimulanz und Sensation.

Zugegeben: Sade selbst hat in dem während seiner nicht endenwollenden Haftzeit durch immer grimmiger werdende Einschübe umfangreicher und umfangreicher werdenden Manuskript mit ungewöhnlichen Obszönitäten nicht gespart. Trotz allem aber bleibt die Grundkonzeption des ursprünglichen Werkes in allen späteren Fassungen unverändert, und wenn die Thesen Sades nicht sehr erbaulich sind, so begründen sie doch die schockierenden Details der späteren Versionen und rechtfertigen sie bis zu einem gewissen Grade. In den Manuskripten des Marquis werden die für den bigotten Leser anstößigen Passagen immer ergänzt und wieder abgelöst durch philosophische Exkurse und skurile Schilderungen; niemals sind sie Selbstzweck; immer demonstrieren sie als gegenständlicher Beweis die zuvor oder hernach ausführlich dargelegten Thesen von der Überlegenheit des Lasters über die Tugend.

Nicht so in den deutschsprachigen Liebhaberausgaben, in denen man die philosophischen Exkurse meistens gestrichen hat. Einseitig enthalten sie nur die detaillierten Darstellungen der Triumphe feiernden Lasterhaftigkeit — die in dieser monotonen Häufung auch den lüsternsten Leser langweilen müssen. Das Bild, das der Leser sich daraufhin von den Absichten des Autors macht, weicht von dessen Konzeption erheblich ab.

„Justine" oder „Das Mißgeschick der Tugend" scheint ursprünglich für den Erzählungsband „Crimes de l'amour" bestimmt gewesen zu sein, und wie die anderen für diese Sammlung geschriebenen Novellen enthält auch die Geschichte der tugendhaften, aber vom Unglück verfolgten Justine und ihrer lasterhaften, dafür vom Glück begünstigten Schwester Juliette zunächst keinerlei anstößige Einzelschilderungen. Diese hier vorliegende erste Fassung der anfänglichen Erzählung, die später zu zwei höchst umfangreichen Romanen anschwoll, wurde jedoch erst vor etwa 50 Jahren von Maurice Heine aufgefunden. Sie war bis dahin nicht veröffentlicht worden. Sade selbst hatte offenbar frühzeitig erkannt, daß diese Fabel besser als alle anderen geeignet war, seinen philosophischen Ansichten als literarische Metapher zu dienen. So wurde die Geschichte der beiden Schwestern zu seinem Lieblingsthema, mit dem er sich immer wieder von neuem beschäftigte. Nach und nach ließ er all seinen Geifer und

Grimm auf die scheinheilige Welt der Gerichtsherren und Pfaffen, alle Auswüchse der Phantasie eines mehrjährigen Häftlings — aber auch dessen sehr schmerzvoll erlangten Einsichten — in die späteren Fassungen des Romans hineinfließen, wodurch diese als Dokument interessanter werden mochten, an literarischem Wert jedoch verloren.

Die vorliegende Urfassung wird die Erotikasammler enttäuschen. Sie schildert zwar bereits fast alle Stationen des Leidensweges der bedauernswerten Justine, doch verzichtet sie dabei auf alle vom straffen Aufbau des Werkes ablenkenden und die Strenge desselben auflösenden Einzelheiten. Deutlich läßt sich in dieser ersten Version die moralische Konsequenz jeder einzelnen Episode — übrigens von Sade selbst in einem gleichfalls von Maurice Heine aufgefundenen Entwurf des Autors überzeugend skizziert — verfolgen: Jeder guten Tat der frommen Justine folgt auf dem Fuße der böse Lohn. Die Unabänderlichkeit, mit der Sade jedem Beweis der Tugend eine entmutigende Antwort folgen läßt, hat etwas grausam Imponierendes; vollends grandios aber gipfelt die Konstruktion des Romans in dem Ende, das Justine findet: Kaum hat sie endlich im Schloß ihrer Schwester die nach ihrem langen Leidensweg wohlverdiente Ruhe gefunden, kaum befindet sie sich in Sicherheit vor ihren irdischen Peinigern, da wird sie vom Blitz erschlagen: Eifersüchtig wacht der Himmel darüber, daß die Tugend auf Erden nicht belohnt werde.

Diese Inanspruchnahme des Himmels fehlt den anderen, in mancher Hinsicht nicht weniger beeindruckenden Erzählungen und Kurzromanen der „Crimes de l'amour". Sie mag es gewesen sein, die den Marquis an der Geschichte der Justine so besonders gefesselt hat; denn tatsächlich schließt sich der Sadesche Gedankengang erst durch die Einbeziehung des Höchsten Wesens, das die zerstörerische Bösartigkeit der Menschen ausdrücklich billigt und ermutigt. In der bis zur Armseligkeit schmucklosen, bitteren Kürze der Umfassung der „Justine" hat der Marquis de Sade für sein zentrales Thema eine Einkleidung gefunden, die dieses Thema seither zu einem in der modernen Literatur immer wiederkehrenden Motiv werden hat lassen.

DAS MISSGESCHICK DER TUGEND

Es wäre ein Triumph der Philosophie, wenn sie es vermöchte, Licht auf die dunklen Wege zu werfen, deren die Vorsehung sich bedient, um durchzusetzen, was sie den Menschen zugedacht hat; wenn sie also bestimmte Verhaltensmaßregeln aufstellen könnte, die den unglücklichen — von den Launen des Schick=sals, wie man sagt, so despotisch hin und her gewor=fenen — Zweifüßler darüber aufklären könnten, wie er die über ihn gefaßten Beschlüsse der Vorsehung zu deuten und welche Bahn er einzuschlagen habe, um den bizarren Launen jener Fatalität zu begegnen, die man mit zwanzig verschiedenerlei Namen belegt, ohne daß man sie bislang zu definieren vermochte.

Wenn es sich dabei nun unseligerweise ergibt, daß wir — die wir von den gesellschaftlichen Konventio=nen ausgehen und keinen Schritt von dem durch die Erziehung eingeschärften Respekt für diese Überein=künfte abweichen — infolge der Verderbtheit der an=deren doch immer nur auf Dornen stoßen, während die Bösewichte nichts als Rosen ernten, müssen dann nicht Leute, denen es an hinreichend gefestigter Tu=gend mangelt, um sich über die von diesen traurigen Umständen angeregten Überlegungen hinwegzu=setzen, müssen dieselben dann nicht zu der Ansicht kommen, daß es besser sei, sich mit dem Strom trei=ben zu lassen, als dagegen anzuschwimmen? Werden diese Leute nicht sagen, daß die Tugend, so schön sie auch immer sein mag, das Schlechteste sei, was man wählen könne, insofern sie leider zu schwach sei, gegen das Laster zu streiten? Werden sie nicht sagen, daß es in einem gänzlich verderbten Jahrhundert das sicherste sei, sich nach der Mehrheit zu richten? Und die — wenn man so will — etwas Gebildeteren unter ihnen, werden die nicht ihre Aufgeklärtheit mißbrauchen und mit dem Engel Jesrad im Zadig

> Voltaire, Zadig ou la Destinée, XVIII. Kapitel: „Was!" sagte Zadig, „es ist also notwendig, daß es Verbrechen und Unglück gibt und daß dieses Unglück den Gerechten widerfährt!" „Die Bösen", entgegnete Jesrad, „sind immer unglücklich. Sie dienen dazu, die geringe Zahl der Gerechten auf Erden zu prüfen; es gibt nichts Böses, aus dem nicht etwas Gutes entsteht." (Anm. zitiert nach M. Heine.)

verkünden, daß es nichts Böses gebe, aus dem nicht etwas Gutes entsteht? Werden sie nicht von sich aus hinzufügen, daß es nun einmal bei der Unvollkommenheit unserer schlechten Welt eine gleich große Summe von Bösen und Guten gebe, daß es demnach zur Wahrung des Gleichgewichts ebenso viele Gute wie Schlechte geben müsse und daß es infolgedessen für den allgemeinen Plan ganz gleichgültig bliebe, ob dieser oder jener lieber gut oder schlecht sei. Wenn also die Tugend vom Unglück

verfolgt werde, das Laster aber fast immer ein Wohl=
leben nach sich zöge, und da beides im Sinne der Na=
tur einerlei sei, so wäre es doch tausendmal besser,
sich auf die Seite der Schlechten zu schlagen, denen
es gut geht, als auf die der Tugendhaften, die zu=
grunde gehen.

Es ist daher wichtig, diesem gefährlichen Sophismus
der Philosophie zuvorzukommen, und es ist wesent=
lich, zu zeigen, daß die Beispiele der unglücklichen Tu=
gend, wenn sie einer verderbten, aber immerhin noch
von einigen guten Grundsätzen durchdrungenen Seele
vorgestellt werden, diese Seele ebenso sicher wieder
dem Guten zuzuführen vermögen, als wenn man ihr
auf diesem Tugendpfad die glänzendsten Ehrungen
und die verlockendsten Belohnungen geboten hätte.
Es ist gewiß grausam, ausmalen zu müssen, welche
Unmengen von Leiden über eine sanfte und zart=
fühlende, die Tugend hochachtende Frau hereinbre=
chen können, und welches strahlende Glück anderer=
seits derjenigen zuteil wird, welche die Tugend ihr
ganzes Leben lang mißachet. Wenn aber aus der Skiz=
zierung dieser beiden Bilder ein Gutes entsteht, kann
man sich dann noch einen Vorwurf daraus machen,
sie der Öffentlichkeit gezeigt zu haben? Muß man
dann noch irgendwelche Skrupel darüber empfinden,
eine solche Sache vorgetragen zu haben, die dem
Klugen, der die ungemein wertvolle Lehre von der
Schicksalsergebenheit daraus entnimmt, wenigstens
eine Teillösung der geheimsten Rätsel der Vorsehung
und auch die fatale Warnung zuteil werden läßt, daß

der Himmel sogar unsere Nächsten, die ihre Pflichten aufs beste erfüllt zu haben scheinen, nur heimsucht, um uns zu unseren eigenen Pflichten zurückzurufen.
Solcherart sind die Empfindungen, die uns die Feder in die Hand legen, und in Anbetracht der Ehrlichkeit dieser Gefühle bitten wir unsere Leser um einige anteilnehmende Aufmerksamkeit für das Mißgeschick der traurigen und bemitleidenswerten Justine.

Gräfin Lorsange war eine jener Venuspriesterinnen, deren Glück das Werk einer bezaubernden Gestalt wie auch einer maßlosen Liederlichkeit und Schurkerei ist und deren Titel, mag er auch noch so hochtrabend klingen — erdichtet von der Unverfrorenheit derer, die ihn trägt, und aufrechterhalten von der törichten Leichtgläubigkeit ihrer Umgebung — nur in Kytheras Archiven zu finden ist. Sie war brünett, überaus temperamentvoll, schön gewachsen, mit wunderbar ausdrucksvollen schwarzen Augen, geistvoll und vor allem von jener modischen Ungläubigkeit, die den Leidenschaften zusätzliche Würze verleiht und bewirkt, daß eine Frau, bei der man diese Ungläubigkeit vermutet, weit heftiger umworben wird. Gleichwohl hatte sie die vortrefflichste Erziehung genossen. Als Tochter eines sehr bedeutenden Händlers in der Rue Saint-Honoré war sie mit einer drei Jahre jüngeren Schwester in einem der besten Klöster von Paris erzogen worden. Dort blieb ihr bis zu ihrem fünfzehnten Lebensjahr kein Ratschlag, kein Lehr= meister, kein gutes Buch, die Förderung nicht einer ihrer Gaben versagt. Dann aber, in jenem für die Tu= gend eines jungen Mädchens so entscheidenden Alter, verlor sie das alles von einem Tag auf den anderen. Ein fürchterlicher Bankrott stürzte ihren Vater in eine so grausame Lage, daß er, um dem finsteren Schick= sal zu entgehen, nichts anderes tun konnte, als schleu= nigst nach England überzusiedeln. Seine Töchter ließ er bei seiner Frau zurück, die acht Tage nach der Ab= reise ihres Mannes vor Kummer starb. Die wenigen verbliebenen Verwandten beratschlagten, was mit den Mädchen geschehen sollte. Da der Erbanteil sich auf je etwa hundert Taler belief, beschloß man, ihnen die Tür zu öffnen, ihnen auszuhändigen, was ihnen zukam, und sie ihr Schicksal selbst in die Hand neh= men zu lassen.

Madame de Lorsange — damals hieß sie Juliette, doch war sie in Charakter und Geist schon annähernd so geformt wie später mit dreißig Jahren (zu der Zeit also, in der sich unsere Geschichte zutrug) — Madame de Lorsange schien nichts als Freude darüber zu emp= finden, frei zu sein und sich nicht einen Augenblick auf die grausamen Umstände zu besinnen, die ihre Ketten gesprengt hatten. Ihre Schwester Justine hin= gegen hatte gerade das zwölfte Lebensjahr erreicht, war ernst und melancholisch von Gemüt, mit Sanft= mut und überraschender Sensibilität begabt; statt der Geschicklichkeit und dem Scharfsinn ihrer Schwester

besaß sie eine solche Arglosigkeit, Einfalt und Treu=
herzigkeit, daß sie zwangsläufig ein Opfer von vieler=
lei Fallen werden mußte: Justine empfand die ganze
Grauenhaftigkeit ihrer Lage.

Dieses junge Mädchen hatte vollkommen andere Ge=
sichtszüge als Juliette. So augenfällig wie die Raffi=
nesse und Koketterie in den Zügen der einen, so be=
wundernswert war die Schamhaftigkeit, das Zart=
gefühl und die Zurückhaltung, die aus dem Antlitz
der anderen sprach. Eine jungfräuliche Erscheinung,
große blaue Augen voller Mitgefühl, eine blendende
Haut, eine schlanke und leichtfüßige Gestalt, eine er=
greifende Stimme, elfenbeinene Zähne und schönes
blondes Haar, so läßt sich das Bild dieser reizenden
jüngeren Schwester umreißen, deren unschuldige An=
mut und deren liebliche Züge von allzu feiner und
delikater Art sind, als daß sie dem Pinsel, der sie
darstellen möchte, nicht entgingen.

Man gab der einen wie der anderen vierundzwanzig
Stunden Zeit, das Kloster zu verlassen, und überließ
es ihnen selbst, ihre hundert Taler so zu verwenden,
wie es ihnen gut dünkte. Juliette, beglückt, ihr eige=
ner Herr zu sein, war einen Augenblick lang bemüht,
Justines Tränen zu trocknen. Als sie aber sah, daß
sie kein Glück damit hatte, verlegte sie sich aufs
Schelten, statt sie zu trösten. Sie sagte ihr, sie sei eine
Törin und es wäre noch nie vorgekommen, daß ein
Mädchen ihres Alters und ihres Aussehens Hungers
gestorben sei. Sie benannte ihr die Tochter einer
Nachbarin, die, aus dem Elternhaus entflohen, jetzt

von einem Generalsteuerpächter großzügig unterhalten wurde und in Paris eine eigene Kutsche hielt. Justine grauste es vor diesem verderblichen Beispiel. Sie sagte, lieber wolle sie sterben als dem nacheifern und als sie Juliette zu der schandbaren Lebensweise entschlossen sah, deren Lob sie sang, weigerte sie sich entschieden, mit ihr gemeinsam eine Wohnung zu nehmen.

Da sich die Ansichten der beiden Schwestern als so überaus verschieden erwiesen, trennten sie sich also ohne jegliches Versprechen auf ein Wiedersehen. Wie konnte sich denn Juliette, die vorgab, eine große Dame zu werden, je darauf einlassen, ein kleines Mädchen wiederzusehen, dessen tugendhafte und kleinliche Neigung ihr nur Schaden zu bereiten vermochte, und wie konnte Justine ihre Sittsamkeit durch die Gesellschaft eines lasterhaften Geschöpfes aufs Spiel setzen, das ein Opfer der Liederlichkeit und der allgemeinen Ausschweifung zu werden versprach? Sie suchten also beide für sich nach einer Zuflucht und verließen das Kloster am nächsten Morgen, so wie es abgesprochen war.

Justine war als Kind von einer Schneiderin ihrer Mutter verhätschelt worden und meinte, diese Frau werde ihrem Schicksal Mitgefühl entgegenbringen. Sie suchte sie auf, erzählte ihr von ihrer unglücklichen Lage, bat sie um Arbeit, wurde aber hart abgewiesen. „O Himmel!" sagte das arme kleine Geschöpf, „muß der erste Schritt, den ich in dieser Welt mache, mich denn sogleich nur der Trübsal zuführen? ... Diese

Frau hat mich doch früher geliebt, warum stößt sie mich heute von sich?... Weh mir, das geschieht, weil ich ein armes Waisenkind bin..., weil ich über keine Mittel mehr verfüge auf dieser Welt, auf der man Leute nur um ihres Beistands oder um der Annehm= lichkeit willen achtet, die man sich von ihnen er= hofft."

In dieser Erkenntnis suchte Justine den Pfarrer ihrer Gemeinde auf und bat ihn um Rat. Aber der mild= tätige Geistliche erwiderte ihr zweideutig, die Pfarrei sei überlastet und sie könne unmöglich an den Al= mosen teilhaben. Doch wenn sie ihm dienen wolle, werde er sie gern bei sich aufnehmen. Da der Gottes= mann ihr bei diesen Worten aber seine Hand unters Kinn legte und ihr zugleich einen für einen Mann der Kirche recht weltlichen Kuß gab, zog sich Justine, die nur allzu gut begriffen hatte, schnell zurück und sagte: „Herr, ich bitte Sie weder um ein Almosen noch um einen Platz als Magd. Ich bin erst vor zu kur= zer Zeit aus einem Stand ausgeschieden, der höher ist als der, in dem man um diese beiden Gnaden zu bitten vermag; ich kann mich darauf nicht beschränken. Ich bitte Sie um Ratschläge, deren ich wegen meiner Ju= gend und meines Unglücks bedarf, und Sie wollen sie mir um den Preis eines Verbrechens verkaufen..."

Über diese Worte erbost, öffnet der Geistliche die Tür und jagt sie brutal davon. Justine, an diesem ersten Tag ihres Alleinseins schon zweimal abgewiesen, be= tritt nun ein Haus, an dem sie eine entsprechende Inschrift sieht, mietet ein kleines möbliertes Zimmer, bezahlt im voraus und gibt sich hemmungslos dem Schmerz über ihre Lage und über die Grausamkeit schon der wenigen Menschen hin, an die ihr Unstern sie bislang gezwungen hat, sich zu wenden.

Der Leser wird uns erlauben, Justine für einige Zeit in ihrem düsteren Unterschlupf zurückzulassen, um uns wieder Juliette zuzuwenden und ihm so knapp wie möglich mitzuteilen, wie sie sich aus dem ein= fachen Stand, aus dem sie bekanntlich kam, innerhalb von fünfzehn Jahren zu einer Frau von Welt erhebt und in dieser Eigenschaft eine Rente von über dreißig= tausend Pfund bezieht, sehr schöne Juwelen und zwei oder drei eigene Häuser sowohl auf dem Land als auch in Paris besitzt und für den Augenblick auch über das Herz, die Reichtümer und das Vertrauen des Herrn Staatsrat de Corville verfügt, eines Man= nes von höchstem Ansehen, der seiner Berufung ins Ministerium entgegensieht... Der Weg war dornen= reich... Daran wird man gewiß nicht zweifeln. Mäd= chen von ihrer Art verdanken es, wenn sie ihren Weg machen, der schmachvollsten und härtesten Lehre, und manch eine, die heute im Bett eines Fürsten liegt, trägt auf ihrem Körper vielleicht noch die erniedri= genden Male der Brutalität lasterhafter Wüstlinge, in deren Hände sie ihr Anfängertum, ihre Jugend und ihre Unerfahrenheit warfen.
Nach Verlassen des Klosters begab sich Juliette ge= radenwegs zu einer Frau, deren Namen sie von jener

dem Laster verfallenen Freundin aus der Nachbar=
schaft gehört hatte und deren Adresse ihr noch im
Gedächtnis war. Sie erschien dort keck mit ihrem Bün=
del unterm Arm, in einem kurzen unordentlichen
Kleid, mit dem hübschesten Gesicht der Welt und
recht lernbegieriger Miene. Sie erzählt dieser Frau
ihre Geschichte und fleht sie an, sie in ihre Obhut zu
nehmen, wie sie dies einige Jahre zuvor mit ihrer frü=
heren Freundin getan habe.

„Wie alt sind Sie, mein Kind?" fragte Madame Du Buisson.

„In ein paar Tagen werde ich fünfzehn, Madame."

„Und noch niemand? . . ."

„O nein, Madame, ich schwöre es Ihnen."

„Aber es kommt manchmal vor, daß in den Klöstern ein Kaplan . . . eine Nonne, eine Kameradin . . . ich brauche sichere Beweise."

„Es hängt nur von Ihnen ab, sie sich zu verschaffen, Madame . . ."

Und nachdem die Buisson sich mit ein paar Bril=
lengläsern ausstaffiert und sich selber des genauen
Standes der Dinge vergewissert hat, sagt sie zu Ju=
liette:

„Nun gut, mein Kind, Sie können gleich hierbleiben.
Zeigen Sie eine gehörige Ergebenheit in meine Rat=
schläge, innerstes Einverständnis mit meinen Prak=
tiken, Sauberkeit, Sparsamkeit, seien Sie treuherzig
zu mir, zuvorkommend gegen Ihre Gefährtinnen und
gerissen im Umgang mit den Männern, so werde ich
Sie in wenigen Jahren in die Lage versetzen, sich ein

eigenes Zimmer zuzulegen mit einer Kommode, einem Wandspiegel und einer Magd. Und die Kunst, die Sie bei mir erlernt haben werden, wird Ihnen genügend einbringen, sich alles übrige zu beschaffen."

Die Buisson nahm Juliette ihr kleines Bündel ab. Sie fragte sie, ob sie gar kein Geld habe, und als Juliette ihr allzu freimütig gestand, daß sie hundert Taler besäße, nahm die liebe Mama dieselben gleichfalls an sich und versicherte ihrem jungen Zögling, sie werde die kleine Summe profitbringend anlegen; denn es sei einem jungen Mädchen nicht zuträglich, Geld in der Hand zu haben... Daraus könne viel Schaden entstehen und in einem so verderbten Jahrhundert müsse ein besonnenes und vornehmes Mädchen alles sorgfältig meiden, was ihm zum Verhängnis werden könne. Nach diesem Sermon wurde die Neue ihren Gefährtinnen vorgestellt. Man wies ihr eine Kammer des Hauses an und schon am darauffolgenden Tag standen ihre Primizien zum Verkauf. Im Laufe von vier Monaten wurde dieselbe Ware nacheinander an achtzig Personen verkauft, die sie alle als unberührt bezahlten, und erst zum Abschluß dieses dornenreichen Noviziats erhielt Juliette die Konzessionen einer Laienschwester. Von diesem Augenblick an wurde sie als Dirne des Hauses anerkannt und teilte die von der Wollust auferlegten Strapazen der anderen... Ein weiteres Noviziat. Wenn Juliette in der ersten Probezeit mehr oder minder der Natur gedient hatte, so galt es in der zweiten Phase, deren Gesetze zu vergessen. Jetzt hatte sie es mit verbrecherischen Visitationen, schandbaren Vergnügungen, heimlichen wüsten Ausschweifungen, skandalösen und bizarren Gelüsten und erniedrigenden Launen zu tun; und das alles als Folge teils einer Sucht nach Genuß ohne Beeinträchtigung der Gesundheit, teils einer schädlichen, die Imagination abstumpfenden Übersättigung, die der Phantasie nur noch in Exzessen Anregung bietet und nur noch durch Zügellosigkeit Befriedigung verschafft...

In dieser zweiten Schule wurde Juliettes Moral gänzlich untergraben und der Triumph, den sie im Laster erntete, verdarb ihre Seele vollends. Sie fühlte, daß sie für das Verbrechen geboren sei und auf jeden Fall dazu übergehen müsse, es im größeren Stil zu betreiben, daß sie auf keinen Fall weiter in einer untergeordneten Stellung verkümmern dürfe, in der sie dieselben Vergehen auf sich nahm und in gleicher Weise erniedrigt wurde, ohne auch nur annähernd den gleichen Gewinn zu erzielen. Ein alter, sehr ausschweifender Herr, der sie ursprünglich nur für das Abenteuer einer Viertelstunde zu sich bestellt hatte, fand Gefallen an ihr, und sie verstand es prächtig, sich von ihm aushalten zu lassen. Schließlich erschien sie im Theater und auf den Promenaden neben den Schwestern des Kythera=Ordens. Sie zog die Blicke auf sich, es wurde von ihr geredet, man beneidete sie, ja, die Spitzbübin verstand ihr Handwerk so gut, daß sie in vier Jahren drei Männer zugrunde richtete, von denen der Ärmste hunderttausend Taler Rente bezog. Mehr bedurfte es nicht, um ihren Ruhm zu besiegeln.

Die Verblendung der Menschen dieses Jahrhunderts ist derart, daß sie um so begieriger sind, auf der Liste einer so unseligen Person zu stehen, je mehr dieselbe ihre Unredlichkeit bewiesen hat. Es scheint, daß der Grad der Erniedrigung und der Verderbtheit solcher Mädchen zum Maßstab der Gefühle wird, die man für sie zu äußern wagt. Juliette hatte gerade ihr zwanzigstes Lebensjahr erreicht, als Graf Lorsange, ein etwa vierzig Jahre alter Edelmann aus Anjou, sich so sehr in sie verliebte, daß er beschloß, ihr seinen Namen zu geben; denn er war nicht reich genug, sie auszuhalten. Er sprach ihr zwölftausend Pfund Rente zu und vermachte ihr für den Fall, daß er vor ihr stürbe, den Rest des Vermögens, das sich auf acht Millionen belief. Er stellte ihr ein Haus, Gesinde und eine eigene Dienerschaft zur Verfügung und verschaffte ihr Achtung in der Gesellschaft, in der man nach zwei, drei Jahren Juliettes Debüt vergessen hatte. Von diesem Zeitpunkt an wagte es die unglückselige Juliette, die jedes Gefühl für ihre ehrliche Herkunft und ihre gute Erziehung vergessen hatte, die von schlechten Büchern und üblen Ratschlägen verdorben und gierig war, allein zu genießen und einen Namen zu haben, ohne gebunden zu sein, sich dem verbrecherischen Gedanken hinzugeben, die Tage ihres Gatten zu verkürzen ... Sie schmiedete einen Plan und führte ihn leider so diskret aus, daß sie von allen Verfolgungen verschont blieb und mit dem ihr lästig gewordenen Gatten zugleich alle Spuren ihrer abscheulichen Freveltat begrub.

Madame de Lorsange nahm in alter Freiheit, nun jedoch als Gräfin, ihre früheren Gewohnheiten wieder auf; da sie sich jetzt aber für etwas Besseres hielt, ließ sie ein wenig mehr Anstand walten. Sie war nicht mehr ein käufliches Mädchen, sondern eine reiche Witwe, die reizende Soupers veranstaltete. Stadt und Hof schätzten sich nur zu glücklich, bei ihr zugelassen zu werden. Dennoch war sie für zweihundert Louisdor zum Beischlaf bereit, und für fünfhundert gab sie sich einen ganzen Monat hin. Bis zum 26. Lebensjahr machte sie noch brillante Eroberungen. Sie ruinierte drei Gesandte, vier Generalsteuerpächter, zwei Bischöfe und drei Ritter des Michaelordens. Und da man sich nach dem ersten Verbrechen nur selten zurückzuhalten vermag, namentlich wenn es gut ausgegangen ist, besudelte sich Juliette, die unglückselige und schuldige Juliette, mit zwei weiteren ähnlichen Untaten: Das erste Mal, um einen ihrer Liebhaber zu berauben, der ihr eine beträchtliche Summe anvertraut hatte, von der die Familie dieses Mannes nichts wußte, und die Madame de Lorsange durch diese ruchlose Freveltat beiseite schaffen konnte. Das andere Mal, um vorzeitig an eine Erbschaft von hunderttausend Francs heranzukommen, die einer ihrer Bewunderer ihr testamentarisch auf den Namen eines dritten vermacht hatte und die dieser ihr gegen ein geringes Entgelt auszahlen sollte.

Diesen Greueln fügte Madame de Lorsange zwei oder drei Kindesmorde hinzu. Die Angst, ihre hübsche Figur zu verunstalten und zugleich der Wunsch, eine zweite Liebschaft geheimzuhalten, veranlaßte sie mehrfach zu dem Entschluß, Abtreibungen vornehmen zu lassen. Diese Verbrechen, die wie die anderen unaufgedeckt blieben, hinderten das geschickte und ehrgeizige Geschöpf nicht daran, täglich neue Narren aufzutun und das eigene Vermögen, Verbrechen an Verbrechen reihend, unablässig zu vergrößern.

Es ist also leider nur zu wahr, daß das Verbrechen vom Wohlstand begleitet sein kann und daß auch inmitten der Zügellosigkeit und der überlegtesten Verderbtheit alles das den Lebensfaden vergolden kann, was die Menschen Glück nennen.

Doch diese grausame und verhängnisvolle Wahrheit möge die Seele anständiger Leute ebensowenig beunruhigen, wie eine weitere Wahrheit sie quälen soll, von der wir bald ein Beispiel geben: Wir meinen die Wahrheit, daß die Tugend andererseits unablässig vom Unglück verfolgt wird.

Dieser Wohlstand im Verbrechen nämlich ist nur scheinbar. Unabhängig von der Vorsehung, die solcherlei Erfolge sicherlich wird bestrafen müssen, nährt der Schuldige im Innern seines Herzens einen Wurm, der unablässig an ihm nagt, ihm den Genuß des ihn umgebenden strahlenden Glücks vergällt und ihm stattdessen nur die aufwühlende Erinnerung an jene Untaten läßt, die ihm dazu verholfen haben.

Was dagegen das Unglück anlangt, das den Tugendhaften peinigt, so hat der unglückselige, vom Schicksal Verfolgte sein gutes Gewissen als Trost; und die

geheime Befriedigung, die ihm seine Makellosigkeit verschafft, entschädigt ihn alsbald für die Ungerech=
tigkeit der Menschen.

So standen Madame de Lorsanges Angelegenheiten, als Monsieur de Corville, ein fünfzigjähriger und — wie schon erwähnt — hoch angesehener Mann be= schloß, sich gänzlich dieser Frau zu widmen und sie fest an sich zu binden. War es Zuneigung, Artigkeit oder Klugheit seitens Madame de Lorsange? Jeden= falls ließ sie sich darauf ein. Schon seit vier Jahren lebte er mit ihr wie mit einer angetrauten Frau, als der unlängst für sie getätigte Kauf eines prachtvollen Anwesens in der Nähe von Montargis beide gemein= sam bestimmte, einige Sommermonate dort zu ver= bringen. Eines Abends im Monat Juni hatte sie das schöne Wetter zu einem Spaziergang bis an den Stadt= rand verleitet. Sie waren aber zu müde, auf dieselbe Weise wieder heimzukehren, und traten in eine Her= berge ein, vor der die Lyoneser Postkutsche Station macht. Sie wollten von dort aus einen Mann zu Pferd zum Schloß schicken und einen Wagen holen lassen. In einem rückwärtigen, kühlen Saal, der zum Hof hinausging, ruhten sie sich aus, als die besagte Kutsche vorfuhr. Es ist ein natürliches Vergnügen, Reisende zu beobachten. Niemand läßt sich in einem Augenblick der Untätigkeit eine solche Zerstreu= ung — wenn sie sich bietet — entgehen. Ma=

dame de Lorsange erhob sich, ihr Geliebter folgte ihr und sie sahen die Reisegesellschaft in die Herberge eintreten. Als sich sonst niemand mehr im Wagen zu befinden schien, stieg ein Polizist aus und nahm von einem Kameraden aus dem Wagen ein junges, etwa sechs= oder siebenundzwanzigjähriges Mädchen in Empfang, das in ein verschlissenes Kattunmäntel= chen gehüllt und gefesselt war wie eine Verbrecherin. Auf einen entsetzten und überraschten Schrei Ma= dame de Lorsanges hin drehte sich das junge Mäd= chen um und ließ so sanfte und zarte Züge und eine so feine und schlanke Gestalt erkennen, daß Mon= sieur de Corville und seine Mätresse nicht umhin konnten, sich für dieses elende Geschöpf zu inter= essieren. Monsieur de Corville nähert sich einem der Herrn und fragt ihn, was die Unglückliche verbrochen habe.
„Meiner Treu, Monsieur", erwiderte der Scherge, „man legt ihr drei oder vier ungeheuerliche Ver= brechen zur Last. Es handelt sich um Diebstahl, Mord und Brandstiftung. Aber ich muß Ihnen gestehen, daß mein Kamerad und ich noch nie einen Verbrecher mit soviel Widerstreben bewacht haben. Es ist das sanf= teste Geschöpf und macht einen besonders ehrlichen Eindruck..."
„Aha", sagte Monsieur de Corville, „sollte da am Ende wieder einer der üblichen Irrtümer unterer Ge= richte vorliegen? Und wo ist das Delikt begangen worden?"
„In einem Gasthaus, drei Meilen von Lyon. Sie ist

vom Lyoneser Gericht verurteilt worden und kommt jetzt zur Bestätigung des Urteils nach Paris. Zur Hinrichtung wird sie nach Lyon zurückkehren."

Madame de Lorsange, die herangetreten war und diesen Bericht mit angehört hatte, äußerte zu Monsieur de Corville flüsternd den Wunsch, sie wolle die unglückliche Geschichte aus dem Munde dieses Mädchens hören. Monsieur de Corville empfand dasselbe Bedürfnis. Er teilte dies den Bewachern mit und gab sich ihnen zugleich zu erkennen. Die Leute hatten nichts dagegen einzuwenden. Man entschied, die Nacht müsse in Montargis zugebracht werden; man bestellte ein bequemes Appartement, an das sich ein weiteres für die Herren anschloß. Monsieur de Corville bürgte für die Gefangene, man löste ihre Fesseln, sie ging in das Appartement von Monsieur de Corville und Madame de Lorsange hinüber und die Wächter speisten und schliefen nebenan. Nachdem man der Unglücklichen Gelegenheit zu einem kleinen Imbiß gegeben hatte, sprach Madame de Lorsange ihr Mut zu; dieselbe konnte nicht umhin, das lebhafteste Interesse an ihr zu nehmen; ohne Zweifel sagte sie sich: „Dieses armselige und vielleicht unschuldige Geschöpf wird wie eine Verbrecherin behandelt, während mir alles glückt — mir, die ich viel gewisser eine Verbrecherin bin als sie." Kaum also sah Madame de Lorsange das junge Mädchen etwas gekräftigt und durch die Liebkosungen und die offenkundige Anteilnahme ein wenig getröstet, so ermunterte sie es, zu erzählen, wie es bei einem so ehrlichen und

artigen Aussehen in eine derart traurige Lage geraten konnte.
„Ihnen meine Lebensgeschichte zu erzählen, Ma= dame", sagte die schöne Unglückliche, sich an die Gräfin wendend, „das hieße, Ihnen ein besonders erstaunliches Beispiel vom Unglück der Unschuld zu geben. Es hieße, die Vorsehung zu beschuldigen und sich über sein Schicksal zu beklagen. Das wäre eine Art von Verbrechen und das wage ich nicht..."
Dem armen Mädchen strömten die Tränen im Über= fluß aus den Augen, und nachdem sie denselben einen Augenblick freien Lauf gelassen hatte, begann sie ihren Bericht mit folgenden Worten:

‚Sie werden mir erlauben, Madame, meinen Namen und mein Herkommen zu verschweigen. Meine Fa= milie ist ehrbar, ohne berühmt zu sein, und ich war nicht für die Erniedrigung bestimmt, aus der all mein Unglück im wesentlichen entstanden ist. In sehr jun= gen Jahren verlor ich meine Eltern. Ich dachte, ich könnte es mit den wenigen Mitteln, die sie mir zu= rückgelassen hatten, aushalten, bis eine solide und rechtschaffene Arbeit sich mir böte. Und während ich immer wieder alle Angebote ablehnte, die nicht ehrlicher Natur waren, verzehrte ich unbemerkt das wenige, das mir zugefallen war. Je ärmer ich wurde, desto mehr wurde ich verachtet. Je dringender ich der Hilfe bedurfte, desto weniger hatte ich Hoffnung, welche zu empfangen, und desto häufiger wurden mir Unverschämtheiten und Beleidigungen zuteil.

Von all den Herzlosigkeiten, die ich in dieser unglück= lichen Lage erleben mußte, und von all den wider= lichen Vorschlägen, die mir gemacht wurden, will ich Ihnen nur das erzählen, was mir bei Monsieur Du= bourg, einem der reichsten Steuerpächter der Haupt= stadt, zustieß. Man hatte mich zu ihm geschickt, als zu einem Menschen, dessen Ruf und Reichtum mein Schicksal am sichersten zu lindern vermöchte. Aber die Leute, die mir diesen Rat gegeben hatten, wollten mich entweder täuschen oder sie kannten nicht die Seelenhärte dieses Mannes und die Ver= derbtheit seiner Sitten. Nachdem ich zwei Stunden in seinem Vorzimmer gewartet hatte, ließ man mich eintreten. Monsieur Dubourg, etwa fünfundvierzig Jahre alt, eingehüllt in einen flatternden Mantel, der kaum seine Liederlichkeit verbarg, kam gerade aus dem Bett. Man machte sich daran, ihn zu frisieren, doch er schickte seinen Kammerdiener fort und fragte mich, was ich von ihm wolle.

„Ach, Monsieur", antwortete ich, „ich bin eine arme Waise, die noch nicht das Alter von vierzehn Jahren erreicht hat und schon das Unglück in all seinen Schattierungen kennt."

Nun schilderte ich ihm die Schicksalsschläge, die mich getroffen hatten; wie schwierig es sei, eine Stellung aufzutun, und daß ich zum Unglück über der Suche das wenige, was ich besaß, verzehrt hätte. Ich er= zählte ihm von den Absagen, die man mir erteilte, ja, daß ich sogar Mühe hätte, eine Arbeit im Laden oder auch eine Heimarbeit zu finden, und daß ich der Hoffnung sei, er werde mir das Nötigste zum Leben verschaffen. Nachdem Monsieur Dubourg mich ziemlich aufmerksam angehört hatte, fragte er mich, ob ich immer tugendsam gewesen sei.

„Ich wäre nicht so arm und so bedrängt, Monsieur", sagte ich, „wenn ich darauf hätte verzichten wollen."

„Mein Kind", sagte er darauf, „mit welchem Recht fordern Sie, daß der Reichtum Sie unterstützt, wenn Sie ihm zu nichts dienen wollen?"

„Dienen, Monsieur? Gerade das möchte ich ja!"

„Die Dienstleistungen eines Kindes Ihrer Sorte sind hier im Hause von wenig Nutzen; das meine ich nicht damit. Sie haben weder das Alter noch das rechte Wesen für die Art Anstellung, die Sie erstreben. Aber bei einer minder lächerlichen Sittenstrenge kön= nen Sie auf ein ehrliches Dasein im Hause jedes Libertins Anspruch erheben. Einzig und allein da= nach müssen Sie trachten. Die Tugend, von der Sie soviel Aufhebens machen, ist wertlos in unserer Welt. Sie mögen sie noch so sehr zur Schau tragen. Nicht einmal ein Glas Wasser werden Sie dafür be= kommen. Leute wie wir, die soweit gehen, Almosen zu verteilen, das heißt also, eines der Dinge zu tun, mit denen sich unsereins am wenigsten abgibt und die wir am meisten verabscheuen, wollen für das Geld, das sie aus ihrer Tasche geben, entgolten wer= den. Und was kann schon ein kleines Mädchen wie Sie als Entschädigung für diese Hilfe anderes bieten als die völlige Hingabe alles dessen, was man von ihr begehren mag?"

„Oh, Monsieur, es ist also keine Mildtätigkeit noch redliche Empfindung mehr in den Herzen der Men= schen zu erwarten?"

„Höchst wenig, mein Kind, höchst wenig. Man ist von dem Wahnsinn abgekommen, die Leute ohne Gegenleistungen zu verpflichten. Dem Selbstbewußt= sein wird vielleicht für einen Augenblick dadurch ge= schmeichelt. Da es aber nichts Hirngespinstigeres und Flüchtigeres gibt als die Befriedigung dieses Selbst= bewußtseins, hat man Konkreteres gewollt und man hat gemerkt, daß es bei einem kleinen Mädchen Ihres= gleichen zum Beispiel weit sinnvoller ist, alle Freu= den, die die Libertinage bieten kann, als Frucht einer Hilfeleistung zu ernten, als sich statt dessen daran zu berauschen, ihr ein Almosen gegeben zu haben. Den Ruf eines weitherzigen, spendefreudigen und freigebigen Mannes zu genießen, das ist mir nicht soviel wert wie die geringste sinnliche Erregung, die Sie mir bereiten können. Sie werden demnach also damit einverstanden sein — zumal ich in diesem Punkt mit fast allen Leuten meiner Veranlagung und meines Alters übereinstimme —, daß ich Sie nur auf Grund Ihres Gehorsams in allem, was ich von Ihnen zu fordern beliebe, unterstützen werde."

„Was für eine Unbarmherzigkeit, Monsieur, was für eine Unbarmherzigkeit! Glauben Sie nicht, daß der Himmel Sie dafür bestrafen wird?"

„Laß dir sagen, kleine Novizin, daß der Himmel uns

am allerwenigsten von der Welt interessiert. Ob das, was wir auf Erden tun, ihm gefällt oder nicht, das beunruhigt uns nicht im mindesten. Wir sind uns seiner geringen Macht über die Menschen mehr als sicher und trotzen ihm täglich, ohne zu zittern. Unsere Leidenschaften haben erst dann wirklich einen Reiz, wenn sie seine Gebote so weitgehend als möglich übertreten — oder vielmehr das, was Einfältige uns als seine Gebote hinstellen, was aber im Grunde nichts weiter ist als nur eine scheinbar vorhandene Kette, mit deren Hilfe die Heuchelei den Stärkeren hat bezwingen wollen."

„Aber Monsieur, bei derartigen Prinzipien muß der vom Unglück Verfolgte unweigerlich zugrunde gehen."

„Was tut's? Es leben mehr Untertanen als nötig in Frankreich. Die Regierung sieht alles im Großen und kümmert sich höchst wenig um den einzelnen, vorausgesetzt, daß die Maschine in Gang bleibt."

„Aber glauben Sie, daß die Kinder ihren Vater achten, wenn sie von ihm mißhandelt werden?"

„Was soll ein Vater, der zu viele Kinder hat, mit der Liebe derer anfangen, die ihm nichts nützen?"

„Es wäre also besser, man hätte uns gleich bei der Geburt erstickt."

„Wahrscheinlich. Aber lassen wir die Politik beiseite, von der du nichts verstehst. Warum sich über das Schicksal beklagen, wenn es nur von einem selber abhängt, es zu meistern?"

„Aber um welchen Preis, gerechter Himmel!"

„Um den Preis eines Hirngespinstes, um den einer Affäre, die nur soviel Wert hat, als Ihr Stolz ihr bei= mißt ... Aber wir wollen dieses Thema fallenlassen und uns nur um das kümmern, was uns beide hier betrifft. Sie legen großen Wert auf dieses Hirn= gespinst, nicht wahr? Und ich sehr wenig. Darum will ich es Ihnen abtreten. Die Pflichten, die ich Ihnen auferlegen werde und für die Sie einen wenn auch nicht übertriebenen, so doch ehrlichen Lohn empfan= gen sollen, sind von ganz anderer Art. Ich werde Sie meiner Haushälterin übergeben, Sie sollen ihr helfen. Und jeden Morgen verabreicht Ihnen bald diese Frau, bald mein Kammerdiener vor meinen Augen ..."
Oh, Madame, wie Ihnen diesen verruchten Vorschlag wiedergeben? Wo ich schon allzu gedemütigt war, ihn unterbreitet zu bekommen, und — sozusagen — die Ohren verschloß in dem Moment, in dem man die Worte aussprach ... Und mich viel zu sehr schäme, sie jetzt zu wiederholen. Darum seien Sie so gütig, sich das weitere zu denken ... Der Grausame, er hatte mir die Hohenpriester genannt, und ich sollte als Opfer dienen ...
„Das ist alles, was ich für Sie tun kann, mein Kind", fuhr dieser abscheuliche Mensch, sich mit schamlosem Gebaren erhebend, fort. „Auch kann ich Ihnen für diese stets sehr lange dauernde und sehr unan= genehme Zeremonie nur einen Unterhalt von zwei Jahren zusichern. Sie sind jetzt vierzehn. Mit sech= zehn steht es Ihnen frei, anderswo Ihr Glück zu suchen. Bis dahin werden Sie gekleidet und verpflegt

und bekommen einen Louisdor je Monat. Das ist sehr großzügig. Derjenigen, die Sie ersetzen sollen, gab ich nicht soviel. Freilich hatte sie nicht wie Sie diese unversehrte Tugend aufzuweisen, von der Sie soviel Aufhebens machen und die ich, wie Sie sehen, mit etwa fünfzig Talern pro Jahr bewerte, einer Summe, die den Lohn Ihrer Vorgängerin weit überragt. Überlegen Sie sich die Sache also gut. Denken Sie vor allem daran, in welch elendem Zustand ich Sie übernehme. Bedenken Sie, daß in dem unglücklichen Land, in dem Sie leben, Leute, die nichts besitzen, mancherlei erdulden müssen, um sich ihren Unterhalt zu verdienen; ich gebe zu, auch Sie werden leiden müssen, aber Sie werden dabei weit mehr verdienen als die meisten anderen."

Die nichtswürdigen Worte dieses Unmenschen hatten seine Leidenschaft entflammt, er packte mich brutal am Kragen meines Kleides und sagte, er wolle mir zuerst einmal selber zeigen, um was es sich handele ... Aber mein Unglück verlieh mir Mut und Kräfte; ich vermochte mich ihm zu entwinden, und zur Tür entfliehend rief ich:

„Widerwärtiger Mensch, möge der Himmel dich eines Tages so grausam bestrafen, wie du es ob deiner abscheulichen Barbarei verdienst. Du bist der Reichtümer, von denen du einen so niederträchtigen Gebrauch machst, nicht würdig. Ja, du verdienst es nicht einmal, die von deinen Roheiten verpestete Luft dieser Welt zu atmen."

Traurig kehrte ich heim, ganz in die hoffnungslosen

und finstern Gedanken versunken, die die Grau=
samkeit und Verderbtheit der Menschen zwangs=
läufig aufkommen lassen, als plötzlich für einen
Augenblick ein Strahl des Glücks vor meinen Augen
aufzublitzen schien. Meine Vermieterin, die mein
Leid kannte, kam zu mir und sagte, sie habe endlich
ein Haus gefunden, in dem man mich mit Vergnügen
aufnehmen werde, vorausgesetzt, daß ich mich an=
ständig benähme.
„O Himmel, Madame", sagte ich, sie vor Freude küs=
send, „gerade diese Bedingung habe ich mir selber
gestellt. Ermeßt nun selbst, ob ich sie mit Vergnügen
annehme."
Der Mann, bei dem ich arbeiten sollte, war ein alter
Wucherer. Es hieß von ihm, er sei nicht nur durch
Pfandleihen reich geworden, sondern außerdem da=
durch, daß er alle Welt ungestraft begaunert habe,
wo immer er nichts zu riskieren glaubte. Er wohnte
in der Rue Quincampoix auf der ersten Etage, gemein=
sam mit einer alten Mätresse, die er seine Frau
nannte und die mindestens ebenso boshaft war
wie er.
„Sophie", sagte dieser Geizhals zu mir, „Sophie (das
war der Deckname, den ich mir zugelegt hatte), Ehr=
lichkeit ist die wichtigste Tugend, der es in meinem
Hause bedarf ... Wenn du jemals den zehnten Teil
eines Pfennigs entwenden solltest, so lasse ich dich
hängen, hörst du, Sophie, hängen! Aber so, daß du
nicht mehr zu dir kommst. Wenn meine Frau und
ich in unserem Alter einige Annehmlichkeiten ge=

nießen, so ist das die Frucht unseres gewaltigen Fleißes und unserer großen Mäßigkeit ... Ißt du viel, mein Kind?"

„Einige Unzen Brot am Tag, Monsieur", entgegnete ich, „Wasser und ein wenig Suppe, wenn mir solches vergönnt ist."

„Suppe, Donnerwetter, Suppe! ... Hör dir das an, mein Liebchen", sagte der alte Geizhals zu seiner Frau. „Man kann nur darüber staunen, wie der Luxus um sich greift. Seit einem Jahr sucht das Ding hier eine Stellung, seit einem Jahr stirbt das schier vor Hunger und jetzt will das Suppe essen. Die kochen wir uns kaum alle Sonntage, wir, die wir seit vierzig Jahren wie Zwangsarbeiter schuften. Du bekommst drei Unzen Brot pro Tag, Kleine, und eine halbe Flasche Flußwasser und alle achtzehn Monate ein altes Kleid von meiner Frau, daraus kannst du dir Unterröcke machen; und am Ende des Jahres drei Taler Lohn, sofern wir mit deinen Diensten zufrieden sind, deine Sparsamkeit der unseren entspricht und du, kurzum, dank Ordnungsliebe und Pflege, das Haus gut in Stand hältst.

Die Arbeit hier ist kaum der Rede wert. Du bist unsere einzige Hilfskraft. Es handelt sich darum, diese aus sechs Zimmern bestehende Wohnung dreimal in der Woche zu scheuern und zu fegen, das Bett meiner Frau und mein eigenes Bett zu machen, die Haustür zu öffnen, meine Perücke zu pudern, meine Frau zu frisieren, den Hund, die Katze und den Papagei zu versorgen, die Küche sauberzuhalten, die Küchen=

geräte zu reinigen, ob sie benutzt sind oder nicht, meiner Frau zu helfen, wenn sie uns eine Kleinigkeit zu Essen macht, und den Rest des Tages Wäsche zu flicken und Strümpfe und Häubchen und alle möglichen kleinen Dinge des Haushalts herzurichten. Du siehst, das ist gar nichts, Sophie, und du wirst genügend freie Zeit haben. Wir erlauben dir, damit anzufangen, was du willst, und für dich selber Wäsche und Kleider zu nähen, die du womöglich brauchst."

Sie können sich leicht vorstellen, Madame, daß ich mich wahrhaftig in einem elenden Zustand befinden mußte, um diese Stelle anzunehmen. Nicht nur, daß unendlich viel mehr Arbeit zu tun war, als ich in meinem Alter und mit meinen Kräften schaffen konnte, sondern wie sollte ich überhaupt von dem, was man mir bot, leben? Ich vermied es jedoch peinlichst, Ansprüche zu stellen, und wurde noch am selben Abend ins Haus genommen.

Wenn die grausame Lage, Madame, in der ich mich befinde, mir für einen Augenblick erlauben würde, an Ihre Erheiterung zu denken, statt nur darauf sinnen zu müssen, wie ich Ihr Herz für mich gewinnen kann, so wäre ich so kühn zu glauben, daß ich Sie mit einer genauen Schilderung des Geizes belustigen könnte, den ich in diesem Haus erlebt habe. Doch im zweiten Jahr erwartete mich dort eine so entsetzliche Katastrophe, daß es mir bei dem Gedanken daran sehr schwer fällt, Ihnen ein paar amüsante Einzelheiten zu erzählen, bevor ich Ihnen von diesem

Schicksalsschlag berichtet habe. Aber Sie sollen wissen, Madame, daß man in diesem Haus nie Licht anzündete. Da die Gemächer der Herrschaften glücklicherweise genau gegenüber der Straßenlaterne lagen, waren sie auf keine anderen Lichtquellen angewiesen und nahmen beim Schlafengehen auch wirklich keine andere Beleuchtung zu Hilfe. Weißzeug wurde überhaupt nicht benutzt. Unter die Jackenärmel von Monsieur und unter die Kleiderärmel von Madame waren ein paar alte Manschetten genäht, die ich jeden Samstagabend waschen mußte, damit sie am Sonntag sauber seien. Es gab keine Bettücher und keine Servietten, und zwar nur, um die Wäsche zu sparen, die nach Ansicht meines ehrenwerten Brotherrn eine sehr teure Angelegenheit für einen Haushalt ist. Wein wurde bei ihm nie getrunken. Klares Wasser war, wie Madame Du Harpin sich ausdrückte, das natürliche Getränk, das die ersten Menschen zu sich nahmen, und das einzige, das die Natur uns zuweist. Beim Brotschneiden wurde jedesmal ein Körbchen darunter gestellt und alles, was hinunterfiel, aufgefangen. Auch alle Brotkrumen, die beim Essen abbröckelten, wurden sorgfältig aufgehoben; alles das wurde mit etwas ranziger Butter gebraten und kam am Sonntag als Festschmaus dieses Ruhetages auf den Tisch.

Kleider und Möbel durfte man um keinen Preis ausklopfen, sondern nur mit einem Federbesen leicht bürsten, um sie nicht abzunutzen. Die Schuhe von Monsieur und Madame waren mit Eisen beschlagen und beide Eheleute hielten voller Ehrfurcht noch das Paar in Verwahrung, das sie am Hochzeitstag getragen hatten. Viel wunderlicher aber war eine Arbeit, die ich regelmäßig einmal in der Woche tun mußte. Es gab in der Wohnung ein recht großes Kabinett, dessen Wände nicht tapeziert waren. Mit einem Messer mußte ich eine bestimmte Menge Gips von den Wänden kratzen und durch ein feines Sieb passieren. Das, was bei dieser Prozedur herauskam, war der Puder, mit dem ich jeden Morgen die Perücke von Monsieur und den Haarknoten von Madame bestäuben mußte.

Wollte Gott, diese Schändlichkeiten wären die einzigen gewesen, mit denen sich diese abscheulichen Leute abgaben. Nichts ist natürlicher als der Wunsch, seine Habe zu erhalten; bei weitem nicht so natürlich ist jedoch die Gier, den Besitz durch das Eigentum anderer zu verdoppeln. Es dauerte nicht lange, da erkannte ich, daß Herr Du Harpin nur eben auf diese Weise so reich geworden war. Über uns wohnte ein sehr wohlhabender Privatier, der recht schöne Juwelen besaß und dessen Sachen mein Herr genau kannte — entweder wegen der Nachbarschaft oder weil sie durch seine Hände gegangen waren. Ich hörte ihn des öfteren gemeinsam mit seiner Frau einer goldenen Dose von dreißig bis vierzig Louisdor Wert nachtrauern, die ihm, wie er sagte, bestimmt erhalten geblieben wäre, wenn sein Anwalt etwas mehr Intelligenz bewiesen hätte. Um endlich über den vermeintlichen Verlust dieser Dose hinwegzukommen,

beschloß der ehrbare Herr Du Harpin, sie zu stehlen, und ich war diejenige, die man mit dieser Aufgabe betrauen wollte.
Nach einem langen Vortrag über die Belanglosigkeit eines Diebstahls, ja, über den Nutzen desselben innerhalb der Gesellschaft, insofern er eine Art Gleichgewicht wiederherstelle, das durch die un= gleiche Verteilung der Reichtümer total gestört würde, überreichte mir Herr Du Harpin einen Nach= schlüssel und versicherte mir, daß damit die Woh= nung des Nachbarn zu öffnen sei. Die Dose würde ich in einem Sekretär finden, der nie verschlossen wäre. Ich könne sie ohne jede Gefahr mitnehmen und für einen so entscheidenden Dienst würde ich zwei Jahre lang einen Taler Lohn zusätzlich erhalten.
„Oh, Monsieur", rief ich aus, „ist es denn möglich, daß ein Herr seine Dienstmagd in solcher Weise zu verderben wagt? Wer könnte mich daran hindern, die Waffen, die Sie mir in die Hand legen, gegen Sie selbst zu kehren, und was hätten Sie dann bil= ligerweise noch dagegen einzuwenden, wenn ich Sie selbst, Ihren Prinzipien folgend, bestehlen würde?"
Herr Du Harpin war sehr betroffen von meiner Ant= wort und wagte nicht mehr länger zu insistieren. Doch insgeheim bewahrte er einen Groll gegen mich. Er sagte, er habe mich nur auf die Probe stellen wol= len und es sei mein Glück gewesen, daß ich diesem arglistigen Angebot seinerseits widerstanden habe. Wenn ich nachgegeben hätte, wäre ich ein gehängtes Mädchen gewesen. Ich gab mich mit dieser Antwort

zufrieden. Aber von nun an spürte ich, welches Un= glück mich als Folge eines derartigen Vorschlages bedrohte und wie unrecht ich hatte, so entschieden zu antworten. Doch es blieb mir keine andere Wahl. Entweder mußte ich das angetragene Verbrechen be= gehen oder ich war gezwungen, den Vorschlag in dieser unerbittlichen Weise abzulehnen. Wäre ich ein bißchen erfahrener gewesen, so hätte ich das Haus auf der Stelle verlassen. Aber es stand schon im Buch meines Schicksals geschrieben, daß jeder ehrliche Schritt, zu dem meine Veranlagung mich trieb, mit einem Unglück bezahlt werden sollte. Ich mußte also mein Los unweigerlich auf mich nehmen. Fast einen Monat, das heißt also ungefähr die Zeit bis zum An= bruch meines zweiten Dienstjahres, ließ Herr Du Harpin vergehen, ohne ein Wort zu sagen oder das geringste Ressentiment wegen meiner Weigerung zu zeigen. Eines Abends, als ich mich nach der Arbeit auf mein Zimmer zurückgezogen hatte, um dort einige Stunden auszuruhen, wurde plötzlich die Tür nach innen aufgestoßen und ich sah, nicht ohne Ban= gen, Herrn Du Harpin mit einem Wachtmeister und vier Polizisten an mein Bett treten.

„Tun Sie Ihre Pflicht, Herr", sagte er zu dem Mann der Justiz. „Diese elende Person hat mir einen Dia= manten im Wert von tausend Talern gestohlen. Sie werden ihn in ihrem Zimmer oder bei ihr selbst finden. Die Sache ist eindeutig."

„Ich soll Sie bestohlen haben, Monsieur?" sagte ich, ganz verstört mich ans Fußende des Bettes kauernd.

„Niemand weiß besser als Sie, wie sehr mir eine solche Tat widerstrebt und daß ich sie unmöglich begangen haben kann."

Aber Herr Du Harpin machte viel Lärm, um meine Worte zu übertönen, bestand auf der Durchsuchung, und der unselige Ring wurde in einer meiner Matratzen gefunden. Gegen so überzeugende Beweise ließ sich nichts einwenden. Ich wurde auf der Stelle festgenommen, gefesselt und in schimpflicher Weise ins Untersuchungsgefängnis geführt, ohne daß es mir möglich war, ein einziges Wort zu meiner Rechtfertigung zu äußern.

Einer Unglücklichen, die weder Ansehen noch Schutz genießt, wird in Frankreich schnell der Prozeß gemacht. Man hält dort die Tugend für unvereinbar mit der Armut, und Unglück ist für unsere Gerichtshöfe ein eindeutiger Beweis gegen den Angeklagten. Ein ungerechtes Vorurteil läßt dort jedermann glauben, daß der, der das Verbrechen begangen haben soll, es auch wirklich begangen hat. Die Gesinnung wird dort nach dem Stand gemessen, dem Sie angehören, und sofern weder Titel noch Vermögen beweisen, daß Sie ehrbar sein müssen, wird sogleich festgestellt, daß Sie unmöglich ehrbar sein können. Ich mochte mich verteidigen wie ich wollte, ich mochte dem Pflichtanwalt, den man mir kurze Zeit beigab, die besten Beweisgründe liefern, mein Dienstherr beschuldigte mich, der Diamant war in meinem Zimmer gefunden worden, es war klar, daß ich ihn gestohlen hatte. Als ich das scheußliche Vorhaben Du Harpins erläutern, als ich beweisen wollte, daß das mir zugestoßene Unglück nur eine Folge seiner Rache sei und seines Bestrebens, sich eines Geschöpfes zu entledigen, das, um sein Geheimnis wissend, seinen Ruf in der Hand hatte, da betrachtete man diese Klagen als Verleumdungen. Man sagte mir, Herr Du Harpin sei seit vierzig Jahren als ein unbescholtener Mann bekannt und einer solchen Untat niemals fähig. So sah ich mich bereits mit dem Leben dafür bezahlen, daß ich mich geweigert hatte, an einem Verbrechen teilzunehmen. Es sollte mich indes ein unerwartetes Ereignis zwar befreien, zugleich aber neuen Widrigkeiten aussetzen, die meiner auf dieser Welt noch harrten. Eine vierzigjährige Frau, die Dubois genannt und berühmt durch Schandtaten aller Art, stand ebenfalls kurz vor ihrer Verurteilung zum Tode, die sie allerdings mehr verdiente als ich, denn ihre Verbrechen waren erwiesen, während sich bei mir in Wirklichkeit nichts finden ließ. Ich hatte eine gewisse Anteilnahme bei dieser Frau erweckt. Eines Abends, nur wenige Tage, bevor wir eine wie die andere das Leben verlieren sollten, sagte sie mir, ich solle mich nicht schlafen legen, sondern mich ganz ruhig mit ihr zusammen möglichst nahe den Gefängnistüren aufhalten.

„Zwischen Mitternacht und ein Uhr", fuhr die glückselige Schurkin fort, „wird Feuer hier im Haus ausbrechen ... Dieses Werk ist von mir vorbereitet. Vielleicht werden ein paar Leute dabei verbrennen. Was tut's. Eines ist gewiß: Daß wir uns retten wer-

den. Drei Männer, meine Komplicen und Freunde werden sich uns anschließen, und ich stehe dir dafür ein, daß du freikommst."
Die Hand des Himmels, die die Unschuld in meiner Person gestraft hatte, begünstigte das Verbrechen in der Person meiner Beschützerin. Das Feuer brach aus; der Brand war grauenhaft. Zehn Menschen kamen in den Flammen um, wir aber retteten uns. Noch am selben Tage gelangten wir zur Hütte eines Wilddiebs im Walde von Bondy. Dort hausten Gauner von anderer Prägung, aber intime Freunde unserer Bande.
„Du bist nunmehr frei, meine liebe Sophie", sagte die Dubois. „Du kannst wählen, welche Art von Leben dir am besten gefällt. Aber wenn ich dir einen Rat geben darf, so verzichte auf den Gebrauch der Tugend, die dir, wie du siehst, noch nie geholfen hat. Ein unangebrachtes Zartgefühl hat dich an den Rand des Schafotts gebracht. Mich hat ein gräßliches Verbrechen davor bewahrt. Schau doch, zu was das Gute auf der Welt nützt, und ob es die Mühe wert ist, sich dafür zu opfern. Du bist jung und hübsch. Wenn du willst, werde ich in Brüssel dein Glück machen. Dorthin gehe ich jetzt; es ist meine Heimat. In zwei Jahren führe ich dich auf den Gipfel des Glücks. Aber laß dir gesagt sein: Nicht auf dem schmalen Pfad der Tugend werde ich dich soweit bringen. In deinem Alter muß man mehr als eine Arbeit tun und mehr als einer Sache dienen, wenn man rasch seinen Weg machen will... Du verstehst mich, Sophie... du verstehst mich. Nun entscheide dich schnell, denn wir

müssen uns aus dem Staub machen. Hier sind wir nur für ein paar Stunden sicher."

„Oh, Madame", sagte ich zu meiner Wohltäterin, „ich bin Ihnen sehr verpflichtet. Sie haben mir das Leben gerettet. Freilich bin ich untröstlich darüber, es einem Verbrechen zu verdanken. Wenn ich daran hätte teilnehmen müssen, wäre ich lieber zugrunde gegangen, als es zu vollbringen. Dessen können Sie ganz sicher sein. Nur zu gut weiß ich, welche Gefahr ich lief, meinem Sinn für Ehrlichkeit nachzugeben, der nichtsdestoweniger immer wieder in meinem Herzen aufkommen wird. Aber wie mühselig die Tugend auch sein mag, ich werde sie allem falschen Glanz des Wohlstandes und allen gefährlichen Vor= teilen, die ein Verbrechen für den Augenblick mit sich bringt, immer vorziehen. Es sind religiöse Ideen in mir, die mich, dem Himmel sei Dank, nie im Stich lassen werden. Wenn die Vorsehung mir die Lebens= bahn beschwerlich macht, so nur, um mich in einer besseren Welt um so reicher zu entschädigen. Diese Hoffnung tröstet mich, sie lindert meinen Kummer und beschwichtigt meine Klagen. Sie stärkt mich in meiner Not und läßt mich allen Übeln trotzen, die die Vorsehung mir zu bescheren beliebt. Diese Freude in meinem Herzen würde sogleich ausgelöscht wer= den, wenn ich sie durch ein Verbrechen besudelte. Und zusätzlich zu der Angst vor noch entsetzlicheren Schicksalsschlägen hienieden hätte ich die grauen= hafte Aussicht auf jene Strafen, die ein himmlisches Gericht im Jenseits für die Frevler bereithält."

„Das sind fürwahr absurde Vorsätze, die dich bald ins Armenhaus bringen werden, mein Kind", sagte die Dubois stirnrunzelnd. „Glaub mir, laß deine himmlische Gerechtigkeit fahren. Deine zukünftigen Strafen oder Belohnungen, das alles sollte man lieber vergessen, wenn man aus der Schule kommt; oder es treibt einen in den Hungertod, wenn man so dumm ist, auch später noch an solche Dinge zu glauben. Die Herzlosigkeit der Reichen rechtfertigt die Schurkerei der Armen, mein Kind. Ihre Börse soll sich unseren Bedürfnissen öffnen, Menschlichkeit soll in ihren Herzen regieren: dann werden sich in den unsrigen die Tugenden niederlassen. Aber solange unser Mißgeschick und die Geduld, mit der wir es hinnehmen, solange unsere Gutgläubigkeit und unsere Unterwerfung nur dazu dienen, unsere Ketten zu verdoppeln, genauso lange werden unsere Verbrechen ihr Werk sein, und wir wären töricht, sie uns zu versagen, da sie das uns aufgebürdete Joch ein wenig mildern.

Die Natur hat uns alle als gleiche Menschen geschaffen, Sophie. Wenn es dem Schicksal beliebt, diesen ursprünglichen Plan der allgemeinen Gesetze umzustoßen, so ist es an uns, seine Launen zu korrigieren und den Stärkeren durch unsere Geschicklichkeit ihren Besitz wieder streitig zu machen ... Ich höre sie gern, diese reichen Leute, diese Richter, diese Stadträte, ich sehe sie gern, wenn sie uns ihre Tugendpredigten halten. Es ist sehr schwierig, auf den Diebstahl zu verzichten, wenn man dreimal so viel

hat, als man zum Leben braucht; es ist ebenso schwie=
rig, nie einen Mord zu planen, wenn man nur von
Speichelleckern und unterjochten Sklaven umgeben
ist; es ist wahrhaftig recht beschwerlich für sie, mäßig
und nüchtern zu sein, wenn die Wollust sie berauscht
und die üppigsten Speisen sie umgeben, und sie
haben redliche Mühe, aufrichtig zu sein, wenn sich
ihnen nie ein Vorteil daraus bietet, zu lügen.

Aber wir, Sophie, wir, die uns diese barbarische Vor=
sehung — die du närrischerweise zu deinem Idol
machst — dazu verdammt hat, auf der Erde zu krie=
chen wie eine Schlange im Gras; wir, die man mit
Verachtung straft, weil wir arm sind, die man demü=
tigt, weil wir schwach sind; wir, die wir überall auf
Erden letzten Endes nur auf Haß und Schwierigkeiten
stoßen, wir sollen uns deiner Meinung nach gegen
das Verbrechen wehren, obwohl seine Hand allein
uns das Tor zum Leben öffnet und uns in unserem
Dasein stützen, erhalten und davor bewahren kann,
das Leben zu verlieren. Du willst, daß wir — unter=
drückt und gedemütigt, während der uns beherrschen=
den Klasse alle Gunst des Glücks vergönnt ist — daß
wir nur die Not, nur die Niedergeschlagenheit und
den Schmerz, nur die Bedürftigkeit und die Tränen,
nur das Brandmal und das Schafott für uns haben!
Nein, nein, Sophie! Entweder ist die Vorsehung, die
du verehrst, nur dazu da, von uns verachtet zu wer=
den oder die Absichten, die sie mit uns hat, sind an=
derer Art... Mache dich besser mit ihr vertraut,
Sophie, mach' dich besser mit ihr vertraut und be=

greife doch: Wenn die Vorsehung uns in eine Lage versetzt, in der uns das Schlechte unentbehrlich ist, und wenn sie uns zugleich die Möglichkeit gibt, Schlechtes zu tun, so heißt das: Das Schlechte dient ihren Gesetzen ebensosehr wie das Gute und sie gewinnt an dem einen so viel wie an dem anderen. Sie hat uns im Stande der Gleichheit erschaffen. Wer die Gleichheit durcheinanderbringt, ist nicht schuldi= ger, als wer sie wiederherzustellen sucht. Alle beide handeln nach empfangenen Impulsen; alle beide müssen ihnen folgen, sich ein Tuch über die Augen binden und mitspielen."

Ich gebe zu, wenn ich je ins Wanken geriet, so durch die verführerischen Reden dieses geschickten Weibes. Aber eine Stimme in meinem Herzen, die stärker war als diese Frau, bekämpfte ihre Sophismen. Auf die hörte ich, und so erklärte ich zum letztenmal, ich sei entschlossen, mich niemals verderben zu lassen.

„Nun gut", sagte die Dubois, „tue, was du willst. Ich überlasse dich deinem elenden Schicksal. Aber wenn du jemals an den Galgen kommst, was dir gar nicht erspart bleiben kann bei der Zwangsläufigkeit, mit der das Verbrechen geschützt und die Tugend geopfert wird, so denke wenigstens daran, uns mit keinem Wort zu verraten."

Während wir so debattierten, hatten die drei Kum= pane der Dubois mit dem Wilddieb gebechert, und da der Wein gemeinhin die Eigenschaft hat, den Übeltäter seine Verbrechen vergessen zu machen und ihn noch am Rande des Abgrunds, dem er soeben entronnen ist, oftmals ermuntert, die Untaten zu wiederholen, so verspürten unsere Schurken angesichts meines Entschlusses, mich aus ihren Händen zu retten, einige Lust, sich auf meine Kosten zu vergnügen. Ihre Prinzipien, ihre Sitten, der düstere Ort, an dem wir uns befanden, die relative Sicherheit, in der sie sich wiegten, ihre Trunkenheit, mein Alter, meine Unschuld und mein Wesen, das alles ermutigte sie. Sie erhoben sich vom Tisch, berieten sich untereinander und konsultierten die Dubois; all dieses Treiben in seiner Undurchsichtigkeit ließ mich vor Angst erschaudern. Und das einzige Ergebnis war schließlich, daß ich mich zu entscheiden hatte, ob ich vor meinem Weggang freiwillig oder gewaltsam durch die Hände aller vier gehen wollte. Wenn ich es freiwillig tat, wollte mir jeder einen Taler geben, damit ich — da ich mich ja weigerte, mit ihnen zu ziehen — meiner Wege gehen konnte. Wenn sie mich mit Gewalt dazu bestimmen mußten, so sollte die Sache trotzdem geschehen; damit aber das Geheimnis gewahrt bliebe, sollte mir der letzte von den vieren, der sich an mir vergehen würde, ein Messer in die Brust stoßen, und dann wollten sie mich am Fuße eines Baumes begraben.

Ich überlasse es Ihnen selber, Madame, zu ermessen, welche Wirkung dieser grauenhafte Vorschlag auf mich hatte. Ich warf mich der Dubois zu Füßen und beschwor sie, ein zweitesmal meine Retterin zu sein. Aber die Schurkin lachte nur über meine entsetzliche Lage und fand, das Ganze sei eine Lappalie.

„O meiner Treu", sagte sie, „du bist schlecht dran, daß du vier so große kräftig gebaute Burschen bedienen mußt! Es gibt zehntausend Frauen in Paris, mein Kind, die einen schönen Batzen Geld dafür geben würden, jetzt an deiner Stelle zu sein... Hör zu", fuhr sie indessen nach einem Moment des Nachdenkens fort, „ich habe genügend Macht über diese Narren da, um deine Gnade zu erwirken, falls du dich dessen als würdig erweist."
„O weh, Madame, was muß ich tun?" rief ich unter Tränen aus. „Befehlen Sie nur, ich bin ganz bereit."
„Uns folgen, mit von unserer Partie sein und dieselben Dinge verbrechen wie wir, und zwar ohne den geringsten Widerwillen. Das ist der Preis, um den ich dich vor dem anderen bewahre."
Ich glaubte nicht zögern zu dürfen. Freilich setzte ich mich, indem ich mich darauf einließ, neuen Gefahren aus. Doch sie drohten mir nicht so unmittelbar. Ich konnte ihnen ausweichen. Vor ihrer momentanen Absicht dagegen würde mich nichts retten können.
„Ich werde mit Ihnen ziehen, Madame", sagte ich zu der Dubois, „überallhin, ich verspreche es Ihnen. Retten Sie mich vor der Wut dieser Männer, und ich werde Sie nie verlassen."
„Kinder", sagte die Dubois zu den vier Banditen, „dieses Mädchen gehört von nun an zu unserer Truppe, ich nehme sie auf und weise sie ein. Ich verbiete euch, ihr Gewalt anzutun. Wir wollen ihr das Metier nicht vom ersten Tag an verleiden. Ihr seht doch, wie nützlich uns ihr Alter und ihr Aussehen

sein können. Wir wollen sie lieber für unsere Zwecke verwenden und nicht dem eigenen Vergnügen opfern..."

Aber die Leidenschaften eines Mannes können einen Grad erreichen, von dem an keine Stimme sie zu bän= digen vermag. Die Leute, mit denen ich mich einlassen mußte, waren außerstande, noch auf irgend etwas zu hören. Alle vier stellten sich gleichzeitig vor mich hin und zwar in einem Zustand, der mir nicht mehr die geringste Hoffnung auf Gnade ließ. Sie erklärten der Dubois einstimmig, ich müßte ihre Beute werden, auch wenn das Schafott an Ort und Stelle wäre.

„Zuerst die meine", sagte einer von ihnen, die Arme um meinen Leib schlingend.

„Und mit welchem Recht fängst ausgerechnet du an?" sagte der zweite, seinen Kameraden zurückstoßend und mich brutal aus seinen Händen reißend.

„Wahrlich, du kommst erst nach mir dran", sagte der dritte.

Und der Streit wird immer hitziger. Unsere vier Kämpen kriegen sich in die Haare, sie werfen ein= ander zu Boden, prügeln sich und kugeln überein= ander. Ich aber — überglücklich, sie in einer Lage zu sehen, die mir Zeit zum Fliehen gibt — renne davon, während die Dubois sie voneinander zu trennen sucht. Rennend erreiche ich den Wald und verliere das Haus sogleich aus den Augen.

„Höchstes Wesen", sagte ich, auf die Knie fallend, sobald ich mich in Sicherheit glaubte, „höchstes We= sen, mein wahrer Beschützer und Lenker, habe gnä=

digst Mitleid mit meinem Elend. Du siehst meine Schwäche und meine Unschuld. Du siehst, mit welchem Vertrauen ich all meine Hoffnung auf dich setze. Sei gnädig und errette mich vor den Gefahren, die mich verfolgen, oder sei wenigstens so gütig, mich durch einen Tod, der weniger schändlich ist als der, dem ich eben entgangen bin, abzuberufen."

Für einen Unglücklichen ist das Gebet der süßeste Trost. Er wird stärker, nachdem er gebetet hat. Voller Mut erhob ich mich, und da die Dunkelheit hereinbrach, schlug ich mich in ein Gebüsch, um die Nacht dort gefahrloser zu verbringen. Die Sicherheit, in der ich mich glaubte, meine Übermüdung und die bescheidene Freude, die ich empfand, das alles verhalf mir zu einem guten Schlaf, und die Sonne stand bereits ganz hoch am Himmel, als ich meine Augen dem Licht wieder öffnete. Für unglückbeladene Menschen ist der Augenblick des Erwachens der unangenehmste des Tages. Nach dem Ruhen ihrer Sinne, nach dem Rasten ihrer Gedanken, nach dem vorübergehenden Vergessen ihrer Nöte werden sie um so heftiger ans Unglück erinnert, und ihre Last wird ihnen um so schwerer.

„Wahrhaftig", sagte ich, „es stimmt also; es gibt also Menschenwesen, denen die Natur das gleiche Dasein bestimmt hat wie den wilden Tieren! Was unterscheidet mich jetzt noch von ihnen, seit ich in ihr Versteck geschlüpft bin und — wie sie — vor den Menschen fliehe? Lohnt es sich denn, für ein so bejammernswertes Schicksal geboren zu sein?"

Während ich diese traurigen Überlegungen anstellte, flossen meine Tränen in Strömen. Kaum war ich mit meinen Betrachtungen am Ende, als ich dicht neben mir ein Geräusch vernahm. Erst dachte ich, es rühre von irgendeinem Tier. Nach und nach aber erkannte ich die Stimmen zweier Männer.

„Komm, mein Freund", sagte einer der beiden, „komm, hier sind wir bestens aufgehoben; die greuliche und verhängnisvolle Anwesenheit meiner Mutter wird mich nicht daran hindern, wenigstens einen Moment die Freuden mit dir zu genießen, die mir so teuer sind..."

Sie nähern sich und lassen sich so unmittelbar vor mir nieder, daß mir kein einziges Wort... keine einzige Bewegung entgehen kann. Und ich sehe...

Gerechter Himmel, Madame', unterbrach sich Sophie, ,ist es denn faßbar, daß mich das Schicksal immer in so verfängliche Situationen bringt, die anzuhören der Schamhaftigkeit ebenso schwerfällt, wie sie zu be= schreiben?... Dieses abscheuliche Verbrechen, das die Natur und die Gesetze gleichermaßen verletzt, diese Freveltat, auf die schon zu so vielen Malen die Hand Gottes sich schwer gelegt hat, mit einem Wort, diese für mich so neue, ja schier kaum begreifliche Schand= tat sah ich vor meinen Augen sich vollziehen, beglei= tet von allen möglichen unzüchtigen Raffinessen und grauenhaften Episoden, deren eine wohldurchdachte Lasterhaftigkeit fähig sein konnte.

Einer der beiden Männer — der nämlich, der den anderen beherrschte — war vierundzwanzig Jahre alt; er war kräftig und recht manierlich gekleidet, was für sein ehrbares Herkommen sprach; der andere war allem Anschein nach ein junger Diener seines Hauses. Er mochte siebzehn bis achtzehn Jahre alt sein und hatte sehr hübsche Gesichtszüge. Die Szene war so lang wie skandalös, und die Zeit wurde mir um so qualvoller, als ich es nicht wagte, mich zu bewegen; denn ich hatte Angst, entdeckt zu werden.

Schließlich erhoben sich die verbrecherischen Darsteller dieses Schauspiels — zweifellos gesättigt —, um den Heimweg anzutreten. Beiläufig trat der Herr an das mich verbergende Gebüsch heran, um ein Bedürfnis zu erledigen. Meine hohe Mütze verriet mich; er bemerkte sie:

„Jasmin", sagte er zu seinem jungen Adonis, „wir sind verraten, mein Lieber ... ein Mädchen, eine Profane hat unsere Mysterien beobachtet. Komm her! Wir wollen diese Spitzbübin herausholen und erkunden, was sie hier treibt."

Ich machte ihnen nicht die Mühe, mir aus meinem Versteck zu helfen. Von selbst stürzte ich eilends hinaus und warf mich ihnen zu Füßen.

„Oh, meine Herren!" rief ich aus, ihnen die Arme entgegenstreckend. „Seien Sie so wohlwollend, einer Unglücklichen Ihr Erbarmen zu schenken. Mein Los ist beklagenswerter, als sie vermeinen. Nur wenige Schicksalsschläge kommen denen gleich, die ich erlitten habe. Möge die Verfassung, in der Sie mich angetroffen haben, nicht Ihren Argwohn erregen. Sie ist viel eher das Werk meiner Not als meiner Verfehlungen. Statt die Summe der Leiden, die mich niederdrücken, zu mehren, bitte ich Sie, im Gegenteil, sie zu vermindern, indem Sie mir Beistand leisten, damit ich der Härte, die mich verfolgt, zu entrinnen vermag."

Monsieur de Bressac — so lautete der Name des jungen Mannes, in dessen Hände ich gefallen und der von tiefgründig lasterhafter Gesinnung war — trug nicht gerade besonders viel Mitleid im Herzen. Es ist leider allgemein zu beobachten, daß die sinnliche Ausschweifung jedes Mitgefühl abtötet: Verhärtung ist die übliche Folge. Sei es, daß es für derartige Ausschweifungen größtenteils einer gewissen Gefühllosigkeit der Seele bedarf oder sei es, daß sie den Nerven einen heftigen Stoß versetzen und deren Aktivität schwächen — jedenfalls ist ein gewohnheitsmäßiger Wüstling selten ein mitleidiger Mensch. Aber zu der Grausamkeit, die bei der eben von mir geschilderten Art von Leuten erklärlich ist, gesellte sich bei Monsieur de Bressac noch eine so entschiedene Abscheu gegen unser Geschlecht, ein so tiefwurzelnder Haß gegen alles, was dieses Geschlecht kennzeichnet, daß es sehr schwerfiel, in seiner Seele jene Gefühle zu wecken, durch die ich ihn zu rühren gedachte.

„Was treibst du dich hier herum, Turteltaube der Wälder?" gab mir dieser Mann, den ich erweichen wollte, herzlos als einzige Antwort ... „Gestehe, du hast alles gesehen, was sich zwischen diesem jungen Mann und mir zugetragen hat, nicht wahr?"

„Ich? Keineswegs, Monsieur", rief ich eilig aus, da ich kein Arg daran fand, mit der Wahrheit zurück=zuhalten. „Seien Sie ganz versichert, daß ich nur sehr harmlose Dinge gesehen habe. Ich habe Sie beide, den Herrn und Sie, auf der Wiese sitzen sehen. Es kam mir vor, als hätten Sie dort eine Weile mitein=ander geplaudert. Das ist alles, seien Sie ganz ver=sichert."

„Ich will dir Glauben schenken", erwiderte Monsieur de Bressac, „und das zu deiner Beruhigung. Denn wenn ich mir vorstellen würde, daß du etwas anderes gesehen haben könntest, so würdest du dieses Ge=hölz nie mehr verlassen... Wohlan, Jasmin, es ist noch früh, wir haben Zeit genug, die Abenteuer dieser Dirne anzuhören. Sie soll sie uns unverzüglich erzäh=len. Danach werden wir sie an diese große Eiche binden und unsere Jagdmesser an ihrem Körper er=proben."

Unsere jungen Leute setzten sich nieder; sie befahlen mir, neben ihnen Platz zu nehmen, und nun erzählte ich ihnen treuherzig alles, was mir, seit ich auf der Welt bin, zugestoßen war.

„Wohlan, Jasmin", sagte Monsieur de Bressac, als ich geendigt hatte, und erhob sich. „Lassen wir wenig=stens einmal in unserem Leben Recht walten, mein Lieber. Die gerechtsame Themis hat diese Spitz=bübin gerichtet. Wir sollten nicht dulden, daß die Absichten der Göttin so grausam hintergangen wer=

den. Laß uns an der Verbrecherin das Urteil voll=
ziehen, das sie verdient hat. Wir begehen damit kein
Verbrechen. Das ist eine gute Tat, mein Freund. Das
ist eine Wiederherstellung der Ordnung, und da wir
schon das Pech haben, dieselbe bisweilen zu stören,
so wollen wir sie wenigstens, wenn sich die Gelegen=
heit bietet, mutig wieder errichten."
Und die Grausamen zerrten mich von meinem Platz
empor und schleppten mich zu dem schon bezeich=
neten Baum, ohne von meinen Klagen und Tränen
gerührt zu sein.
„Wir wollen sie in dieser Stellung anbinden", erklärte
Bressac seinem Diener und drehte mich mit dem
Bauch gegen den Baum.
Ihre Strumpfbänder, ihre Taschentücher, alles wurde
verwendet, und innerhalb einer Minute war ich so
grausam gefesselt, daß ich keines meiner Glied=
maßen mehr gebrauchen konnte. Nach diesen Vorbe=
reitungen machten die Schurken meine Röcke los; sie
stülpten mir das Hemd über die Schulter, und als
sie nun ihre Jagdmesser in die Hand nahmen, dachte
ich, sie würden all die von ihnen brutal bloßgelegten
unteren Körperteile zerschneiden.
„Nun soll es genug sein", sagte Bressac, noch ehe
ich einen einzigen Messerstich empfangen hatte. „Da=
mit kennt sie uns genügend und weiß, was wir ihr
antun können. Das macht sie abhängig von uns.
Sophie", fuhr er fort, indem er meine Fesseln löste,
„kleiden Sie sich an. Seien Sie verschwiegen und fol=
gen Sie uns. Wenn Sie sich mir anschließen, werden

Sie keinen Anlaß haben, es zu bereuen, mein Kind. Meine Mutter benötigt eine zweite Kammerfrau. Ich werde Sie — im Vertrauen auf Ihren Bericht — bei ihr einführen und für Ihr gutes Benehmen bürgen. Wenn Sie aber meine Güte mißbrauchen oder mein Vertrauen enttäuschen sollten, so vergegenwärtigen Sie sich diesen Baum, der Ihnen als Leichenbett dienen sollte, und bedenken Sie, daß er nur eine Meile weit entfernt ist von dem Schloß, zu dem ich Sie jetzt führe; bei dem geringsten Fehltritt werden Sie sogleich wieder hierher geschafft werden."

Inzwischen hatte ich mich wieder angekleidet. Kaum fand ich die rechten Worte, meinem Wohltäter zu danken. Ich warf mich ihm zu Füßen ... küßte seine Knie und machte ihm alle nur möglichen Versprechungen des Inhalts, daß ich mich gut betragen würde. Aber Monsieur de Bressac, der für meine Freude wie für meinen Schmerz in gleicher Weise unempfindlich war, erklärte nur:

„Vorwärts, gehen wir. Ihr Verhalten wird für Sie sprechen und davon allein wird Ihr Schicksal abhängen."

Wir machten uns auf den Weg. Jasmin und sein Herr plauderten miteinander, und ich folgte ihnen demütig, ohne ein Wort zu reden. Nach einer knappen Stunde gelangten wir zu dem Schloß der Gräfin de Bressac. An der prachtvollen Umgebung merkte ich, daß meine Arbeit hier, ganz gleich welcher Art sie sein mochte, gewiß einträglicher sein würde als meine Tätigkeit als erste und einzige Haushälterin von Mon=

sieur und Madame Du Harpin. Man ließ mich in einem Anrichtezimmer warten. Ich bekam von Jasmin reichlich zu essen. Unterdessen begab sich Monsieur de Bressac zu seiner Mutter hinauf und setzte sie in Kenntnis. Eine halbe Stunde später kam er selbst zurück und holte mich, um mich ihr vorzustellen.

Madame de Bressac war eine Frau von fünfundvierzig Jahren, doch war sie immer noch sehr schön. Sie machte einen überaus ehrbaren und in erster Linie sehr menschlichen Eindruck auf mich, obgleich ihre Prinzipien und ihre Worte von einer gewissen Strenge zeugten. Seit zwei Jahren war sie verwitwet. Ihr Mann stammte aus sehr vornehmem Hause, hatte aber, als er sie heiratete, kein weiteres Vermögen als den wohl=
klingenden Namen, den er ihr gab. Aller Besitz, den der junge Marquis de Bressac zu erwarten hatte, hing also von dieser Mutter ab; was er von seinem Vater geerbt hatte, reichte kaum zu seinem Unterhalt. Ma=
dame de Bressac fügte eine beträchtliche Pension hin=
zu, doch mußten von derselben auch die ebenso be=
trächtlichen wie ungehörigen Ausgaben ihres Sohnes bestritten werden. Es wurden mindestens sechzig=
tausend Pfund Rente in diesem Haus verbraucht, ob=
wohl Monsieur de Bressac keine Geschwister hatte. Man hatte ihn nie dazu bestimmen können, einer Tätigkeit nachzugehen. Alles, was ihn von seinen aus=
erwählten Vergnügungen abhielt, war so unerträg=
lich für ihn, daß er keinerlei Beschränkungen auf sich zu nehmen vermochte. Drei Monate im Jahr ver=
brachten die Gräfin und ihr Sohn auf diesem Be=

sitz, die übrige Zeit in Paris. Aber diese drei Monate des Zusammenlebens, die sie ihrem Sohn abforderte, empfand derselbe schon als eine große Tortur. Er war verzweifelt, wenn immer er den hauptsächlichen Schauplatz seiner Vergnügungen verlassen mußte.

Der Marquis befahl mir, seiner Mutter alles noch einmal zu erzählen, was ich ihm schon berichtet hatte; und als ich meine Geschichte beendet hatte, sagte Madame de Bressac:

„Ihre Einfalt und Naivität lassen mich an Ihrer Unschuld nicht zweifeln. Ich werde keine weiteren Auskünfte über Sie einholen, sondern nur in Erfahrung bringen, ob Sie tatsächlich, wie Sie mir sagen, die Tochter des von Ihnen genannten Mannes sind. Wenn dem so ist, so habe ich Ihren Vater gekannt und das wird ein Grund für mich sein, mich um so mehr für Sie zu interessieren. Was die Affäre im Hause von Du Harpin betrifft, so werde ich die Sache durch zwei Besuche bei dem Justizminister, mit dem ich seit undenklichen Zeiten befreundet bin, in Ordnung bringen. Er ist der rechtschaffenste Mann in ganz Frankreich. Es geht nur darum, ihm Ihre Unschuld zu beweisen; dann werden alle vergangenen Verfahren gegen Sie gelöscht, und Sie können unbedenklich wieder in Paris erscheinen ... Aber bedenken Sie wohl, Sophie, daß ich Ihnen das alles nur um den Preis eines untadeligen Benehmens verspreche. Die Dankbarkeit, die ich von Ihnen erwarte, wird stets von Nutzen für Sie sein."

Ich warf mich Madame de Bressac zu Füßen. Ich be=

teuerte ihr, daß sie immer nur Anlaß haben werde, mit mir zufrieden zu sein, und unverzüglich wurde ich als zweite Kammerfrau bei ihr eingestellt. Nach drei Tagen trafen die Auskünfte ein, die Madame de Bressac in Paris über mich eingeholt hatte; sie waren so, wie ich sie mir besser nicht wünschen konnte. Und endlich schwanden alle unheilvollen Gedanken aus meinem Sinn, um nur noch der Hoffnung auf die süßesten Tröstungen, die ich mir erwarten durfte, Platz zu machen. Aber es war vom Himmel nicht beschlossen, die arme Sophie jemals glücklich sein zu lassen, und wenn ihr zufällig einige Momente der Ruhe vergönnt waren, so nur, auf daß ihr die darauffolgenden Schreckenszeiten noch bitterer schmecken möchten.

Kaum waren wir in Paris, als Madame de Bressac sich eiligst für mich einsetzte. Der Chefpräsident wollte mich sehen. Mit Interesse vernahm er von meinem Mißgeschick. Die tiefgründige Schurkerei von Du Harpin trat zutage.

Man ließ sich überzeugen, daß ich zwar von dem Brand des Untersuchungsgefängnisses profitiert hatte, aber in keiner Weise daran beteiligt war, und meine gesamte Akte wurde (wie man mir versicherte) gelöscht, ohne daß die mit der Angelegenheit befaßten Justizbeamten weitere Formalitäten für nötig hielten.

Es läßt sich leicht begreifen, wie sehr meine Anhänglichkeit an Madame de Bressac durch diese Vorgänge wuchs. Wie hätten denn derartige Bemühungen mich

nicht für immer an eine so schätzenswerte Beschütze=
rin binden sollen, selbst wenn sie nicht darüberhin=
aus noch voller Güte zu mir gewesen wäre? Aber es
mußte wohl in der Absicht des jungen Marquis de
Bressac gelegen haben, mich so eng an seine Mutter
zu ketten. Unabhängig von den gräßlichen Aus=
schweifungen, die ich Ihnen beschrieben habe und
denen sich dieser junge Mann blindlings hingab —
in Paris noch viel mehr als auf dem Lande — nahm
ich sehr bald wahr, daß er die Gräfin aufs äußerste
verabscheute. Freilich setzte sie alle Hebel in Bewe=
gung, um ihn von seinen Lastern abzuhalten oder ihn
wenigstens dabei zu stören. Aber da sie vielleicht
allzu große Strenge walten ließ, gab sich der Mar=
quis — gerade von den Auswirkungen ihrer Härte
noch um so mehr gereizt — seinen Neigungen mit
immer größerem Eifer hin, und die arme Gräfin be=
wirkte mit ihren Verfolgungen nichts als Verachtung
und Haß.

„Sie dürfen nicht annehmen", sagte der Marquis
des öfteren zu mir, „daß meine Mutter sich aus eige=
nem Antrieb zu Ihrem Vorteil verwendet. Glauben
Sie mir, Sophie: Wenn ich sie nicht alle Augenblicke
daran erinnern würde, so dächte sie kaum noch an
die Ihnen gemachten Versprechungen. Ihnen gegen=
über stellt sie alles dar, als sei es ihr Verdienst; aber
in Wirklichkeit bin ich derjenige, der alles betrieben
hat. Ich gehe soweit zu sagen, daß Sie nur mir eine
gewisse Dankbarkeit schulden; und die Erkenntlich=
keit, die ich von Ihnen fordere, muß Ihnen um so un=

eigennütziger erscheinen, als Sie hinreichend einge=
weiht sind und mit Sicherheit wissen, daß ich es nicht
— und wären Sie noch so hübsch — auf Ihre Gunst ab=
gesehen habe ... Nein, Sophie, nein, die Dienste, die
ich von Ihnen erwarte, sind von gänzlich anderer Art,
und wenn Sie — was ich hoffe — wirklich erfaßt
haben, was ich für Sie getan habe, so werde ich in
Ihrer Seele alles das finden, was ich berechtigt bin
zu erwarten."

Diese Reden schienen mir so unverständlich, daß ich
nicht wußte, wie ich darauf antworten sollte. Und
doch tat ich es aufs Geratewohl und vielleicht mit
allzu großer Leichtfertigkeit.
Jetzt ist der Augenblick gekommen, Madame, Ihnen
von dem einzigen echten Fehltritt in meinem Leben
zu berichten, den ich mir vorzuwerfen habe ... was
sage ich, Fehltritt? Eine Torheit ohnegleichen ...
Aber wenigstens ist es kein Verbrechen gewesen, son=
dern einfach ein Fehler, für den ich allein gestraft
worden bin, und dessen sich die gerechte Hand des
Himmels, will mir scheinen, nicht unbedingt hätte be=
dienen müssen, um mich in den unmerklich unter
meinen Schritten sich öffnenden Abgrund zu ziehen.
Wenn immer ich den Marquis de Bressac sah, fühlte
ich mich durch eine unbezwingliche Anwandlung von
Zärtlichkeit zu ihm hingezogen. Welche Überlegun=
gen ich auch anstellte — über seine Abneigung gegen
die Frauen, über die Lasterhaftigkeit seiner Neigun=

gen und die sittlichen Gegensätze, die uns voneinander trennten —, nichts, nichts von der Welt vermochte diese beginnende Leidenschaft zu ersticken. Und selbst wenn der Marquis mein Leben verlangt hätte, so hätte ich es ihm, immer noch in dem Glauben, nichts für ihn zu tun, tausendmal geopfert. Er war weit davon entfernt, von den Gefühlen zu ahnen, die ich so sorgsam in meinem Herzen hütete... Er war weit davon entfernt, der Undankbare, zu ergründen, warum die unglückliche Sophie über die schandvollen Ausschweifungen, die ihn zugrunde richteten, tagtäglich viele Tränen vergoß. Und doch konnte er unmöglich übersehen, wie sehr ich darauf bedacht war, allen seinen Wünschen zuvorzukommen. Es konnte nicht sein, daß er meine Gefälligkeiten nicht wahrnahm... So verblendet war ich in meinen Aufmerksamkeiten, daß ich durch dieselben seine Verfehlungen begünstigte — wenigstens soweit es der Anstand mir erlaubte —, und daß ich dadurch dazu beitrug, seine Mutter diese Fehltritte nicht bemerken zu lassen.

Diese Art meines Verhaltens hatte mir in gewisser Weise sein Vertrauen eingebracht. Alles, was von ihm kam, war mir so teuer, und ich war, was die kleinen Gesten von seiner Seite betraf, so verblendet, daß ich mir zuweilen sogar einbildete, ich sei ihm nicht ganz gleichgültig. Aber wie sehr enttäuschte mich sogleich wieder das Unmaß seiner Ausschwei=

fungen! Es wimmelte nicht nur im Haus von Dienern dieser scheußlichen Prägung, sondern er unterhielt auch draußen eine Menge übler Subjekte, zu denen er täglich ging, wenn sie nicht zu ihm ins Haus kamen. Und da diese Neigung, so hassenswert sie auch ist, keineswegs zu den unbeliebtesten gehört, geriet der Marquis auf ungeheuerliche Abwege. Ich nahm mir hin und wieder die Freiheit, ihm alle die Unannehmlichkeiten seiner Lebensweise aufzuzählen. Er hörte mich ohne Widerwillen an, sagte mir dann aber schließlich, man könne sich die ihn beherrschende Art von Laster nicht abgewöhnen. Es halte, in tausenderlei verschiedenen Formen wuchernd, für jedes Alter andersgeartete Zweige bereit, die von Jahrzehnt zu Jahrzehnt neue Empfindungen hervorbrächten und alle, die das Pech hätten, diesem Laster zu huldigen, bis zum Grab daran fesselten... Wenn ich aber versuchte, von seiner Mutter zu sprechen und von dem Kummer, den er ihr machte, so stieß ich bei ihm nur noch auf Unwillen, Mißlaunigkeit, Gereiztheit und Ungeduld darüber, daß das ihm gebührende Vermögen so lange in ihren Händen blieb. Dann begegnete ich nur noch tiefgründigstem Haß gegen diese achtbare Mutter und einer entschiedenen Auflehnung gegen die natürlichen Empfindungen. Sollte es also wahr sein, daß, sobald man in seinen Neigungen die Gesetze jener geheiligten Instanz grundsätzlich überschritten hat, dieses erste Verbrechen mit erschreckender Leichtigkeit dazu führt, auch alle anderen Freveltaten ungestraft zu begehen?

Zuweilen griff ich zu den Mitteln der Religion. Selbst fast immer bei ihr Trost findend, versuchte ich ihre Wonnen der Seele dieses perversen Menschen einzuhauchen. Denn ich glaubte mit ziemlicher Sicherheit, ihn durch diese Bande zu fesseln, sofern ich ihm erst einmal deren Zauber vermittelt haben würde. Aber der Marquis ließ mir nicht viel Zeit, dergleichen Wege mit ihm zu gehen. Als erklärter Feind unserer heiligen Mysterien, als starrköpfiger Kläger gegen die Reinheit unserer Dogmen und empörter Verneiner der Existenz eines höchsten Wesens suchte Monsieur de Bressac vielmehr, mich zu verderben, statt sich selber bekehren zu lassen.

„Alle Religionen gehen von einer falschen Voraussetzung aus, Sophie", sagte er zu mir. „Alle halten es für notwendig, einen Schöpferkult zu betreiben. Wenn nun aber diese ewige Welt — wie alle anderen, in deren Mitte sie die unendlichen Weiten des Raumes durchläuft — keinen Anfang und kein Ende hat, wenn alles Hervorbringen der Natur eine Folge der die Natur selber bindenden Gesetze ist, wenn ihre stetige Aktion und Reaktion die ihre Existenz ausmachende Bewegung zur Voraussetzung haben, was wird dann aus dem Motor, den Sie ihr ohne Grund zusprechen?

Glauben Sie mir, Sophie, dieser Gott, den Sie im Sinn haben, ist nur die Frucht der Unwissenheit einerseits und der Tyrannei andererseits. Als der Stärkere den Schwächeren ketten wollte, redete er ihm ein, daß ein Gott jenes Eisen heilige, durch das er ihn unter=

werfe, und der durch sein Elend Abgestumpfte glaubte alles, was der andere ihn glauben machen wollte. Alle Religionen sind eine verhängnisvolle Folge dieser ersten Legende und müssen also — wie diese Le= gende selbst — der Verachtung preisgegeben werden. Es ist nicht eine darunter, die nicht von Heuchelei und Dummheit geprägt wäre. Bei allen finde ich Myste= rien, die der Vernunft einen Schauder einjagen, über= all finde ich Dogmen, die der Natur hohnsprechen, und groteske Zeremonien, die nur zum Spott reizen. Kaum hatte ich die Augen geöffnet, Sophie, da habe ich diese greulichen Geschichten schon verabscheut; ich machte es mir zum Gesetz, sie mit Füßen zu tre= ten und ich schwor mir, mein Lebtag nicht mehr dar= auf zurückzukommen. Folge meinem Beispiel, wenn du Wert darauf legst, vernünftig zu handeln."

„O Herr", erwiderte ich dem Marquis. „Sie würden eine Unglückliche ihrer süßesten Hoffnung berauben, wenn Sie ihr die trostspendende Religion fortnäh= men. Ich, die ich an ihren Lehren hänge und über= zeugt bin, daß alle Schläge, die ihr erteilt werden, nur eine Folge der Libertinage und der Leidenschaften sind, ich soll die wonnevollste Anschauung meines Lebens irgendwelchen Sophismen opfern, vor denen mir graut?"

Ich brachte noch tausend andere von der Vernunft diktierte und aus meinem Herzen strömende Über= legungen vor. Aber der Marquis machte sich nur dar= über lustig. Und immer gelang es ihm, meine eige= nen Grundsätze mit seinen bestechenden und mit sehr männlicher Beredsamkeit vorgetragenen Prinzipien umzuwerfen, die er überdies durch Schriften belegte, wie ich sie glücklicherweise nie gelesen habe. Der tugendfrommen Madame de Bressac war nicht unbekannt, daß ihr Sohn seine Ausschweifungen durch alle Widersinnigkeiten des Unglaubens rechtfertigte. Oft stöhnte sie in meiner Gegenwart darüber, und da sie mich für etwas verständiger hielt als die anderen Frauen ihrer Umgebung, vertraute sie mir mit Vorliebe ihre Sorgen an.

Doch die Rücksichtslosigkeit ihres Sohnes ihr gegenüber nahm zu. Er machte schließlich keinen Hehl mehr aus seiner Lebensweise. Nicht nur, daß er seine Mutter mit der seinen Gelüsten dienenden gefährlichen Kanaille umgab. Er trieb seine Unverschämtheit so weit, ihr in meiner Gegenwart zu erklären, er werde sie, falls sie seine Neigungen weiterhin zu durchkreuzen beabsichtige, von deren Reiz überzeugen, indem er sich ihnen vor ihren eigenen Augen hingäbe. Ich stöhnte über diese Worte und dieses Verhalten. Innerlich suchte ich in alldem einen Anlaß zu finden, die unglückliche Leidenschaft, die meine Seele zerfraß, zu ersticken... Aber ist die Liebe ein Übel, von dem man geheilt werden kann? Alles, was ich ihr entgegensetzte, schürte ihre Flamme nur um so mehr. Der tückische Bressac war mir nie zuvor so liebenswert erschienen, wie in dem Augenblick, in dem ich mir alles, was meinen Haß hätte erregen müssen, vor Augen hielt.

Vier Jahre lang war ich schon in diesem Haus, stets von denselben Nöten verfolgt und von denselben Wonnen getröstet, als mir endlich das abscheuliche Motiv der Verführungskünste des Marquis in seiner ganzen Verruchtheit offenbar wurde. Zu jener Zeit weilten wir auf dem Lande. Ich war allein bei der Gräfin geblieben. Ihre erste Kammerfrau hatte die Erlaubnis erhalten, den Sommer über in Paris zu bleiben, um irgendwelche Angelegenheiten ihres Mannes zu ordnen. Eines Abends, kurz nachdem ich mich von meiner Herrin zurückgezogen hatte und auf dem Balkon meines Zimmers frische Luft schöpfte — denn ich konnte mich wegen der unerträglichen Hitze nicht zum Schlafen entschließen —, klopft der Marquis plötzlich an meine Tür und bittet mich, ihn einen Teil des Abends mit mir verplaudern zu lassen... Ach! Jeder Augenblick, den der grausame Urheber meiner Nöte mir widmete, schien mir zu kostbar, als daß ich nur einmal gewagt hätte, ihn abzulehnen. Er tritt ein. Sorgfältig verschließt er die Tür und wirft sich dann neben mir in einen Sessel:

„Hör zu, Sophie", sagt er etwas überlegen, „ich habe dir Dinge von größter Tragweite anzuvertrauen. Schwöre mir erst, daß du nichts von dem, was ich dir sage, ausplauderst."

„O Herr, halten Sie mich für fähig, Ihr Vertrauen zu mißbrauchen?"

„Du weißt nicht, was dir blühen würde, wenn du

mir bewiesest, daß ich dir fälschlicherweise so gro=
ßes Vertrauen geschenkt habe."
„Ihr Vertrauen zu verlieren wäre der größte Schmerz
für mich. Einer größeren Drohung bedarf es nicht."
„Nun gut, Sophie ... Ich habe mich gegen das Leben
meiner Mutter verschworen, und deine Hand soll mir
dabei Dienste leisten."
„Ich, Herr?" rief ich vor Entsetzen zurückweichend.
„O Himmel, wie konnten Ihnen derartige Einfälle
in den Sinn kommen? Nehmen Sie mein Leben, Herr,
es gehört Ihnen, verfügen Sie darüber. Ich verdanke
es Ihnen. Aber Sie dürfen nicht glauben, daß ich
mich jemals zu einem Verbrechen bereit finde, des=
sen Vorstellung allein schon meinem Herzen uner=
träglich ist."
„Hör zu, Sophie", sagt Herr de Bressac und führt
mich beschwichtigend auf meinen Platz zurück, „ich
habe schon mit deinem Widerstreben gerechnet. Da
du aber Geist besitzt, bilde ich mir ein, diesen Wi=
derwillen zu überwinden. Ich werde dir klarmachen,
daß dieses deiner Ansicht nach so ungeheuerliche Ver=
brechen im Grunde eine ganz harmlose Sache ist. Dei=
nen wenig philosophischen Augen bieten sich hier
zwei Freveltaten dar; die Zerstörung des Mitmenschen
und, was noch schlimmer ist, die Zerstörung der eige=
nen Mutter. Was die Zerstörung des Nächsten anbe=
langt, so laß dir gesagt sein, Sophie, daß derglei=
chen ein reines Wahngebilde ist. Dem Menschen ist
die Macht der Zerstörung nicht gegeben. Er vermag
höchstens die Lebensformen zu verwandeln, ver=

nichten aber kann er sie nicht. In den Augen der Natur aber ist jede Form gleich. In dem ungeheuren Schmelztiegel, in dem sich diese Umwandlungen vollziehen, geht nichts verloren. Alle Stoffteile, die sich darein ergießen, erneuern sich unablässig in anderen Gestalten, und wie auch immer wir auf sie einwirken mögen, nichts kann die Natur selbst angreifen, nichts vermag sie zu beleidigen. Unsere Zerstörungen beleben nur ihre Kraft, sie speisen ihre Energie, aber schwächen sie in keinem Fall.

Ja, was kümmert es die immerdar schöpferische Natur, daß diese Masse Fleisch, die heute eine Frau ist, sich morgen in Form von tausend verschiedenen Insekten reproduziert? Würdest du wagen, zu behaupten, daß die Erschaffung eines Wesens unserer Art die Natur mehr kostet als die eines Wurmes, und daß sie uns daher ein größeres Interesse entgegenzubringen hat? Wenn aber der Grad ihrer Anteilnahme — oder vielmehr ihrer Gleichgültigkeit — immer derselbe ist, was kann es denn dann der Natur ausmachen, daß durch das sogenannte Verbrechen eines Menschen ein anderer in eine Fliege oder in einen Salatkopf verwandelt wird? Wenn man mir die Erhabenheit unserer Art beweist, wenn man mir nachweist, daß unsere Gattung für die Natur entscheidend ist und daß ihre Zerstörung deren Gesetze zwangsläufig verletzt, so vermag ich zu glauben, daß diese Zerstörung ein Verbrechen ist. Wenn aber ein gründliches Studium der Natur mir beweist, daß alles, was auf unserem Globus vegetiert, ja selbst die un=

vollkommenste ihrer Schöpfungen, in den Augen der Natur gleichwertig ist, so werde ich niemals zu der falschen Ansicht kommen, daß die Umwandlung eines dieser Wesen in tausend andere ihre Gesetze je verletzen kann. Dann sage ich mir vielmehr: alle Menschen, alle Pflanzen, alle Tiere, die auf die gleiche Weise wachsen, vegetieren und sich zerstören, die niemals einen wirklichen Tod erleben, sondern einfach eine Umwandlung erfahren, alles ohne Unterschied Keimende, Sichzerstörende und Sichfortpflanzende, das, sage ich mir, erscheint einmal in der einen Gestalt und kurz darauf in einer anderen; das mag sich nach dem Willen desjenigen, der verändern will und kann, täglich Tausende von Malen wandeln, ohne daß nur ein einziges Gesetz der Natur für einen Moment dadurch verletzt würde.

Das Wesen, das ich angreife, ist meine Mutter, das Wesen also, das mich in seinem Schoß getragen hat. Wie? Diese nichtigen Bedenken sollen mich zurückhalten? Mit welchem Recht könnte ihnen das gelingen? Hat sie an mich gedacht, diese Mutter, als sie in ihrer Lust den Fötus empfing, aus dem ich geworden bin? Soll ich ihr dafür noch danken, daß sie sich eine vergnügte Stunde gemacht hat? Übrigens wird das Kind nicht aus dem Blut der Mutter gebildet, sondern allein aus dem des Vaters. Der Schoß des Weibchens trägt, behütet und bearbeitet die Frucht, aber er liefert nichts dazu. Aus dieser Überlegung heraus hätte ich mich niemals an meinem Vater vergangen, während ich es für eine harmlose Sache halte, den

Lebensfaden meiner Mutter zu zerschneiden. Wenn also das Herz eines Kindes womöglich mit Recht gewisse Regungen der Dankbarkeit gegenüber seiner Mutter verspürt, so nur wegen ihrer Fürsorge für uns, solange wir in einem Alter waren, diese Fürsorge zu genießen. Wenn die Mutter gütig war, können, ja müssen wir sie vielleicht lieben. Wenn sie schlecht zu uns war, sind wir, durch kein Naturgesetz gebunden, nicht nur jeglicher Verpflichtung ledig, sondern fühlen wir sogar allen Grund, dieses Wesen aus dem Weg zu räumen; die gewaltige Macht des Egoismus, der den Menschen natürlicher- und unwiderstehlicherweise veranlaßt, sich all dessen zu entledigen, was ihm schadet, treibt uns hierzu."

„O Herr", antwortete ich dem Marquis voller Entsetzen, „die Gleichgültigkeit, die Sie der Natur andichten, ist ebenfalls das Werk Ihrer Leidenschaften. Statt darauf zu hören, sollten Sie einen Moment auf Ihr Herz lauschen und Sie würden sehen, wie sehr es das gewalttätige Räsonieren Ihres ausschweifenden Geistes verdammt. Ist denn nicht gerade das Herz, auf dessen Gerechtigkeit ich Sie verweise, das Allerheiligste, darin die Natur, die Sie so beleidigen, gehört und respektiert werden möchte? Wenn sie uns aber das tiefste Entsetzen über das von Ihnen ersonnene Verbrechen ins Herz gräbt, geben Sie dann zu, daß diese Untat zu verdammen ist? Sie werden mir sagen, das Feuer der Leidenschaft vertilge dieses Entsetzen noch im gleichen Augenblick; aber kaum, daß Sie sich befriedigt haben, wird das Grauen wieder aufkommen und sich durch die gebieterische Stimme der Gewissensbisse vernehmbar machen.

Je größer Ihre Empfindsamkeit ist, desto mehr wird die Macht dieser Gewissensbisse Sie foltern... Jeden Tag, jede Minute werden Sie sie vor Augen haben, diese zarte Mutter, die Ihre barbarische Hand ins Grab gestürzt haben wird. Sie werden ihre klagende Stimme auch dann noch den zärtlichen Namen aussprechen hören, der Ihre Kindheit verzauberte...

In schlaflosen Stunden wird sie Ihnen erscheinen. Sie wird Sie in Ihren Träumen quälen. Mit blutigen Händen wird sie die Wunden öffnen, die Sie ihr beibrachten. Kein glücklicher Augenblick wird Ihnen mehr auf Erden beschieden sein. All Ihre Freuden werden vergiftet sein, all Ihre Gedanken werden sich verwirren. Eine himmlische Hand, deren Macht Sie verleugnen, wird das von Ihnen vernichtete Leben rächen, indem sie Ihnen Ihr Dasein vergiftet. Ohne Vorteile aus Ihren Verbrechen genossen zu haben, werden Sie zugrunde gehen, zugrunde gehen an dem tödlichen Bedauern darüber, daß Sie es wagten, diese Untat zu vollbringen."

Unter Tränen sprach ich diese letzten Worte aus. Ich warf mich dem Marquis zu Füßen und beschwor ihn bei allem, was ihm am teuersten sein mochte, diese schändliche Verirrung zu vergessen. Ich schwor ihm, mein ganzes Leben lang darüber zu schweigen. Doch ich kannte das Herz nicht, das ich zu erweichen suchte. Welche Kraft es auch noch haben mochte, das Verbrechen hatte seine Energie gebrochen, die Lei=

denschaften in all ihrer Glut gaben nur noch dem Verbrechen Raum. Der Marquis erhob sich eisig:
„Ich sehe wohl, daß ich mich getäuscht habe, Sophie", sagte er. „Das ärgert mich vielleicht ebenso sehr Ihretwegen wie meinetwegen. Einerlei, ich werde andere Mittel finden. Sie aber haben viel bei mir verloren, ohne daß Ihre Herrin etwas gewonnen hätte." Diese Drohung änderte meinen Sinn. Lehnte ich den Vorschlag des Verbrechens ab, so geriet ich selbst in große Gefahr und meine Herrin ging unfehlbar zugrunde. Wenn ich aber zur Mitwirkung bereit war, so konnte ich mich vor dem Zorn meines jungen Herrn schützen und seine Mutter durchaus retten. Diese Erwägung — Werk eines Augenblicks — veranlaßte mich in Sekundenschnelle meine Rolle auszuwechseln. Da aber eine so rasche Umkehr Verdacht erregen mußte, gab ich nur zögernd nach. Ich nötigte den Marquis, seine Sophismen mehrfach zu wiederholen. Nach und nach gab ich mir den Anschein, als wüßte ich nichts mehr darauf zu antworten. Der Marquis glaubte mich gewonnen; ich nahm seine Überredungskunst als Rechtfertigung für meine Schwäche; schließlich schien ich zu allem bereit. Der Marquis fiel mir um den Hals... Wie hätte mich diese Gebärde gefreut, wenn nicht durch dieses barbarische Vorhaben alle Gefühle abgetötet worden wären, die mein schwaches Herz ihm so dreist entgegengebracht hatte... Wenn ich ihn noch lieben hätte können...
„Du bist die erste Frau, die ich umarme", sagte der Marquis, „und ich tue es wahrhaftig von ganzer

Seele ... Du bist köstlich, mein Kind; ein Strahl der Philosophie hat also deinen Geist durchdrungen. War es denn möglich, daß dieses reizende Haupt so lange in der Finsternis verweilte?"

Und sogleich verständigten wir uns über die zu unternehmenden Schritte: Damit der Marquis gänzlich in die Falle ging, bewahrte ich, als er mir seinen Plan ausführlicher entwickelte und die Maßnahmen im einzelnen erläuterte, einen ablehnenden Gesichtsausdruck, und mit Hilfe dieser in meiner unglücklichen Lage erlaubten Verstellung gelang es mir, ihn besser als irgend sonst zu täuschen. Wir kamen überein, daß ich in etwa zwei bis drei Tagen, je nach der Gunst der Verhältnisse, eine kleines Päckchen Gift, das mir der Marquis geben wollte, auf geschickte Weise in eine Tasse Schokolade schütten sollte, wie sie die Gräfin jeden Morgen zu trinken pflegte. Der Marquis stand für alle Folgen ein und versprach mir zweitausend Taler Rente. Die konnte ich entweder bei ihm verzehren oder wo immer es mir gut dünken würde, mein Leben zu beschließen. Dieses Versprechen gab er mir schriftlich, ohne näher auszuführen, was mich in den Genuß dieser Vergünstigung bringen sollte. Dann trennten wir uns.

Mittlerweile trat ein Ereignis ein, das Ihnen auf ganz einzigartige und deutliche Weise den Charakter des abscheulichen Mannes, mit dem ich es zu tun hatte, offenbarte. Ich kann daher nicht umhin, diesen Bericht zu unterbrechen, obgleich Sie bestimmt das Ende des grausamen Abenteuers erfahren wollen, auf das ich mich eingelassen hatte. Zwei Tage nach unserer Unterredung erhielt der Marquis die Nachricht, daß ein Onkel, von dem er keinerlei Erbschaft erwartet hatte, gestorben sei und ihm achtzigtausend Pfund Rente hinterlassen habe.

„O Himmel", sprach ich zu mir, als ich davon erfuhr, „so also straft die himmlische Gerechtigkeit den Mordanschlag? Ich meinte, ich würde das Leben verlieren müssen, nur weil ich ein weit unbedeutenderes Komplott als dieses zurückgewiesen hatte; und jetzt ist dieser Mann, weil er eine entsetzliche Untat ersann, auf dem Gipfel des Glücks."

Aber sogleich bereute ich diese Lästerung gegenüber der Vorsehung. Auf den Knien bat ich Gott um Vergebung und wiegte mich in der Hoffnung, diese unerwartete Erbschaft würde den Marquis umstimmen... Großer Gott, wie sehr mußte ich mich irren; „Oh, liebe Sophie", rief Herr de Bressac, als er am gleichen Abend in mein Zimmer geeilt kam, „wie jetzt das Glück förmlich auf mich herabregnet! Ich habe dir zwanzigmal gesagt: Nichts ist besser, als ein Verbrechen zu planen, wenn man das Glück auf sich lenken will. Es scheint, als ob seine Bahn sich nur den Missetätern ohne weiteres öffnet. Achtzig und sechzig, mein Kind, das macht hundertvierzigtausend Pfund Rente für meine Vergnügungen!"

„Wie Herr?" antwortete ich erstaunt, „dieses unvorhergesehene Vermögen bestimmt Sie nicht, den Tod, den Sie beschleunigen wollten, geduldig abzuwarten?"

„Abzuwarten? Keine zwei Minuten werde ich warten, mein Kind: Bedenke, ich bin achtundzwanzig Jahre alt. In meinem Alter fällt es schwer zu warten. Ich bitte dich, das soll nicht das geringste an unseren Plänen ändern, und wir wollen die Beruhigung haben, daß alles vor unserer Rückkehr nach Paris zum Abschluß kommt... Sieh zu, daß es morgen oder spätestens übermorgen geschieht. Es verlangt mich danach, dir ein Viertel deiner Pension auszuzahlen... Oder vielmehr: Dich in den Besitz der gesamten Summe zu versetzen."

Ich suchte mein Entsetzen über diese Verbissenheit in das Verbrechen aufs beste zu verbergen und nahm meine alte Rolle wieder auf. Aber alle Gefühle waren endgültig erloschen. Ich glaubte, einem so abgefeimten Schurken nur noch Abscheu schuldig zu sein.

Nichs war peinlicher als meine Lage. Machte ich mich nicht ans Werk, so erkannte der Marquis bald, daß ich ihn hinterging. Warnte ich Madame de Bressac, so würde sich der junge Mann getäuscht sehen – ganz gleich, was sie nach der Aufdeckung dieses Verbrechens zu tun beschloß –, und er würde vielleicht bald zu verläßlicheren Mitteln greifen, an denen seine Mutter ebenfalls zugrunde ging und die mich der ganzen Rache des Sohnes ausliefern mußten. Es blieb mir nur der Rechtsweg; aber um nichts in der Welt hätte ich ihn gehen wollen. Ich entschloß mich also, was auch immer daraus entstehen mochte, die Gräfin zu warnen. Von allen möglichen Auswegen schien mir dieser der beste zu sein.

„Madame", sagte ich am Tage nach meiner letzten Unterredung mit dem Marquis, „ich habe Ihnen etwas sehr Folgenschweres zu offenbaren. Aber so sehr Sie die Sache auch angeht, ich bin zum Schweigen entschlossen, wenn Sie mir zuvor nicht Ihr Ehrenwort geben, daß Sie Ihrem Sohn keinen Groll bezeigen wegen seines dreisten Vorhabens. Sie mögen handeln, Madame, und die bestmöglichen Entschlüsse fassen. Aber Sie dürfen kein Wort sagen. Das müssen Sie mir bitte versprechen oder ich schweige."
Madame de Bressac dachte, es handele sich wieder einmal um eine der üblichen Extravaganzen ihres Sohnes. Sie band sich durch den von mir geforderten Schwur, und ich enthüllte ihr alles. Die unglückliche Mutter verging in Tränen, als sie von dieser Niederträchtigkeit erfuhr.
„Dieser Schurke", rief sie aus, „habe ich denn nicht immer nur das Beste für ihn getan? Wenn ich seinen Lastern vorbeugen oder ihn davon heilen wollte, so hatte ich damit doch nur sein Glück und seinen Seelenfrieden im Auge. Welche anderen Absichten hätten mich denn zu meiner Strenge veranlassen können? Wem anders verdankt er diese ihm soeben zugefallene Erbschaft als meinen Bemühungen? Wenn ich ihm das verborgen hielt, so nur aus Taktgefühl. Dieses Ungeheuer! Oh, Sophie, gib mir Beweise für die Verruchtheit seines Vorhabens, versetze mich in die Lage, daß ich nicht mehr zweifeln kann. Ich dürste nach allem, was die natürlichen Gefühle in meinem Herzen zu löschen vermag..."

Da zeigte ich der Gräfin das von mir verwahrte Päckchen mit Gift. Wir gaben einem Hund eine leichte Dosis davon zu fressen und sperrten ihn vorsorglich ein. Nach zwei Stunden verendete er unter entsetzlichen Zuckungen. Nun bestand kein Zweifel mehr, und die Gräfin faßte auf der Stelle ihre Entschlüsse. Sie befahl mir, ihr den Rest des Giftes auszuhändigen. Dann schrieb sie sogleich an einen Verwandten, den Herzog von Sonzeval, und bat ihn, er möge sich insgeheim zum Minister begeben und ihm die Niederträchtigkeit enthüllen, der sie zum Opfer zu fallen drohe. Er solle sich einen Haftbrief gegen ihren Sohn ausstellen lassen und mitsamt diesem Brief und einem Polizisten hierher auf ihr Gut eilen, um sie so schnell wie möglich von diesem nach ihrem Leben trachtenden Ungeheuer zu befreien ... Aber der Himmel hatte beschlossen, daß das abscheuliche Verbrechen sich vollenden und die gedemütigte Tugend den schurkischen Kräften erliegen sollte.

Der unselige Hund, an dem wir unseren Versuch vorgenommen hatten, deckte dem Marquis alles auf. Dieser hörte das Tier heulen. Da er wußte, daß seine Mutter an dem Hund sehr hing, erkundigte er sich beflissen, was ihm fehle und wo er sei. Diejenigen, die er befragte, wußten nichts und gaben ihm keine Antwort. Von diesem Augenblick an hatte er mit Sicherheit Verdacht geschöpft. Er sagte kein Wort, aber ich bemerkte, daß er unruhig und aufgebracht war und den ganzen Tag auf der Lauer lag. Ich teilte der Gräfin meine Beobachtungen mit, aber es gab kein Zurück mehr. Alles, was man tun konnte, war, den Boten zu beschleunigen und den Zweck seiner Entsendung geheimzuhalten. Die Gräfin erklärte ihrem Sohn, sie habe einen Eilbrief nach Paris geschickt und den Herzog von Sonzeval gebeten, sich unverzüglich der Nachlaßangelegenheiten des soeben beerbten Onkels anzunehmen; denn wenn nicht irgend jemand sogleich zur Stelle sei, wären Prozesse zu befürchten. Sie habe den Herzog auch zur Berichterstattung hierhergebeten, damit sie sich gegebenenfalls selber mit ihrem Sohn zu einer Reise nach Paris entschließen könne.

Der Marquis war ein zu guter Menschenkenner, als daß er nicht die Verlegenheit von dem Gesicht seiner Mutter abgelesen und die leichte Verwirrung in meinen Zügen beobachtet hätte. Er nahm alles hin, war aber um so mehr auf der Hut. Unter dem Vorwand eines Spaziergangs mit seinen Knaben entfernt er sich vom Schloß und lauert dem Boten an einem Ort auf, den dieser unbedingt passieren muß. Der Mann war ihm weit ergebener als seiner Mutter und händigte ihm ohne Umschweife die Depesche aus. Der Marquis, nunmehr überzeugt von dem, was er zweifellos meinen Verrat nannte, gab dem Boten hundert Louisdor mit der Order, sich nie wieder im Hause blicken zu lassen. Dann kehrte er wütenden Herzens, aber dennoch sich meisterhaft beherrschend, nach Hause zurück. Wir begegnen uns, er scherzt mit mir wie sonst, fragt mich, ob es morgen soweit sei, weist darauf hin, daß die Sache unbedingt vor der Ankunft

des Herzogs erledigt werden müsse, und dann geht er, ohne sich etwas merken zu lassen, zu Bett.
Wenn das unselige Verbrechen zustande kam, wie mir der Marquis alsbald verkündete, so kann es nur auf folgende Weise geschehen sein... Am nächsten Morgen trank Madame wie immer ihre Schokolade, und da die Tasse nur durch meine Hände gegangen war, bin ich vollkommen sicher, daß dem Getränk nichts beigemischt war. Aber gegen zehn Uhr morgens betrat der Marquis die Küche. Er traf dort nur den Küchenchef und befahl ihm, unverzüglich Pfirsiche aus dem Garten zu holen. Der Koch sträubte sich mit der Begründung, er dürfe sich nicht von seinen Speisen entfernen. Der Marquis bestand aber auf seiner unbezähmbaren Laune, Pfirsiche zu essen und versprach, den Herd zu überwachen. Der Chef ging hinaus, der Marquis nahm alle Gerichte des Diners in Augenschein. Wahrscheinlich hat er dann in die Karden, die Madame so leidenschaftlich gern aß, das fatale Gift geschüttet, das den Lebensfaden der Gräfin zerschneiden sollte. Man speist, die Gräfin ißt zweifellos von dem unheilvollen Gericht, und das Verbrechen ist vollbracht. Das alles sind lediglich meine Vermutungen. Herr de Bressac versicherte mir später im unseligen Fortgang dieses Abenteuers, der Coup sei ausgeführt, und nach meinen Berechnungen kann es ihm nur so gelungen sein. Aber lassen wir diese gräßlichen Mutmaßungen beiseite und vernehmen wir, auf welch grausame Weise ich dafür gestraft wurde, daß ich an dieser Greueltat nicht teil=

haben wollte und sie aufdeckte... Kaum hatte man sich vom Tisch erhoben, redete der Marquis mich an: „Hör zu, Sophie", sagte er mit gespielter Gelassenheit. „Ich habe ein Mittel gefunden, das viel zuverlässiger zum Ziel meiner Pläne führt als das, was ich dir vorgeschlagen habe. Aber es bedarf einiger Vorbereitungen. Ich möchte nicht so oft in dein Zimmer kommen, es könnte auffallen. Finde dich um Punkt fünf Uhr im Park ein. Ich werde dich dort abholen, und dann machen wir gemeinsam einen längeren Spaziergang. Derweilen werde ich dir alles erklären."
Ich gebe zu, sei es, daß die Vorsehung es so wollte, sei es aus einem Übermaß an Naivität oder sei es, daß ich von Blindheit geschlagen war: ich hatte nicht die leiseste Ahnung von dem entsetzlichen Unglück, das mich erwartete. Ich hielt die geheimen Arrangements der Gräfin für so sicher, daß ich niemals geglaubt hätte, der Marquis könnte sie aufgedeckt haben. Doch war ich etwas verwirrt:
„Der Meineid wird zur Tugend, wo man ein Verbrechen verspricht", sagt einer unserer Tragödiendichter. Aber einer feinfühlenden und sensiblen Seele, die zum Meineid Zuflucht nehmen muß, ist er dennoch verhaßt. Meine Rolle war mir peinlich, doch nicht für lange. In dieser Hinsicht konnte ich bald beruhigt sein, denn das abscheuliche Verhalten des Marquis sollte mir ganz anderen Anlaß zur Klage geben. Er kam mit dem fröhlichsten und offensten Gesicht der Welt auf mich zu, wir schritten in den Wald und er tat nichts anderes als lachen und scher=

zen, wie es seine Gewohnheit war. Als ich das Ge=
spräch auf das Thema bringen wollte, um dessent=
willen er diese Unterhaltung gewünscht hatte, riet
er mir, noch eine Weile damit zu warten; er habe
Angst, daß man uns beobachtet, wir seien noch an
keinem sicheren Ort. Unmerklich gelangten wir zu
dem Buschwerk und zu der großen Eiche, an der er
mir zum erstenmal begegnet war. Als ich diese Stätte
wiedersah, konnte ich ein Schaudern nicht unter=
drücken. Meine Unvorsichtigkeit und das ganze
Grauen meiner Lage traten mir erst jetzt im vollen
Ausmaß vor Augen. Und Sie können sich denken,
daß mein Entsetzen sich verdoppelte, als ich dort,
wo ich schon einmal eine schreckliche Krise durch=
lebt hatte, am Fuße der unheilvollen Eiche, zwei junge
Knaben des Marquis erblickte, die als seine Lieblinge
galten. Sie erhoben sich, als wir näher kamen, und
warfen Seile, Ochsenziemer und andere schauerliche
Werkzeuge auf den Rasen. Von nun an gebrauchte
der Marquis mir gegenüber nur noch die beleidigend=
sten und abscheulichsten Ausdrücke: „F...", sagte
er, noch ehe ihn die jungen Leute verstehen konnten,
„erkennst du das Gehölz wieder, aus dem ich dich
wie ein wildes Tier herausgezogen habe, um dir das
Leben zu schenken, das du verwirkt hattest? Erkennst
du den Baum wieder, den ich dir angedroht habe,
falls du mir jemals Anlaß geben würdest, meine Güte
zu bereuen? Warum erklärtest du dich zu den von
mir erbetenen Diensten gegen meine Mutter bereit,
wenn du die Absicht hattest, mich zu verraten? Wie

konntest du glauben, der Tugend zu dienen, indem du die Freiheit deines Lebensretters aufs Spiel setz= test? Warum hast du, natürlicherweise zwischen zwei Verbrechen stehend, das abscheulichere gewählt? Du hättest mir nur meine Bitte verweigern brauchen, statt einzuwilligen und mich zu verraten."
Dann erzählte mir der Marquis, daß er die Depeschen abgefangen habe und welche Vermutungen ihn dazu veranlaßt hatten.
„Was hast du mit deiner Hinterlist erreicht, nichts= würdiges Geschöpf?" fuhr er fort. „Du hast dein Leben gewagt, ohne meine Mutter zu retten: Die Tat ist vollbracht; ich hoffe, sie bei meiner Rückkehr von vollem Erfolg gekrönt zu sehen. Aber ich muß dich bestrafen. Du sollst wissen, daß der Tugendpfad nicht immer der beste ist, und daß es im Leben Situa= tionen gibt, in denen die Mitwirkung an einem Verbrechen der Denunziation vorzuziehen ist. Wie konntest du dich erdreisten, mich zu hintergehen? Mich, den du kanntest, wie du mich kennen mußt? Dachtest du, ein mitleidiges Gefühl würde mich zu= rückhalten, wo doch mein Herz Mitleid nicht zuläßt, es sei denn im Interesse meiner Vergnügungen? Oder irgendwelche religiösen Prinzipien wären dazu in der Lage, wo ich dergleichen doch ständig mit Füßen trete?... Oder hast du vielleicht auf deinen Charme gebaut?" fügte er in grausam spöttischem Tonfall hinzu... „Nun schön, ich werde dir beweisen, daß deine Reize in ihrer ganzen Blöße meine Rache nur um so mehr schüren."

Ohne mir zum Antworten Zeit zu lassen und ohne
das geringste Zeichen von Rührung über die Tränen=
ströme, die mich überwältigten, packte er mich brutal
am Arm und zerrte mich zu seinen Trabanten:
„Da ist sie", rief er, „die meine Mutter vergiften
wollte und das abscheuliche Verbrechen trotz all mei=
ner Vorkehrungen vielleicht schon vollbracht hat. Viel=
leicht hätte ich sie besser in die Hände der Justiz gege=
ben, doch dann hätte sie das Leben verloren. Aber ich
will es ihr lassen, damit sie um so länger leidet.
Entkleidet sie rasch und bindet sie mit dem Bauch
gegen den Baum, damit ich sie gebührend züchtige."
Kaum, daß der Befehl erteilt war, hatte man ihn
schon ausgeführt. Man stopfte mir ein Taschentuch
in den Mund, zwang mich den Baum eng zu um=
schlingen, band mich an Schultern und Beinen fest,
ließ den Leib aber im übrigen frei von Fesseln,
damit ihn nichts vor den ihm zugedachten Schlägen
bewahren könne. Aufs äußerste erregt, bemächtigte
sich der Marquis eines Ochsenziemers. Bevor er zu=
schlug, wollte er sehen, in welcher Verfassung ich
mich befand. Man konnte wohl sagen, daß seine
Augen sich an meinen Tränen und an den Wellen
von Schmerz und Entsetzen weideten, die über mein
Gesicht liefen ... Dann stellte er sich etwa drei Fuß
hinter mir auf, und im gleichen Augenblick fühlte
ich schon die mit aller Wucht geführten Peitschen=
hiebe von der Rückenmitte bis zur Wade nieder=
sausen. Mein Scharfrichter hielt eine Minute inne.
Brutal faßte er mit seinen Händen an alle wunden

Stellen ... Ich weiß nicht, was er einem der Trabanten leise zuflüsterte — jedenfalls bedeckte man meinen Kopf sofort mit einem Tuch, und von nun an konnte ich keine ihrer Bewegungen mehr beobachten. Es ging jedoch einiges hinter mir vor, ehe die blutigen Szenen, die mir noch beschieden waren, ihren Fortgang nahmen... „Ja, gut, so ist es recht", sagte der Marquis, ehe er wieder zuschlug; kaum war diese mir unverständliche Bemerkung gefallen, als die Hiebe von neuem, jedoch noch brutaler einsetzten. Wiederum gab es eine Pause; die Hände glitten ein zweites Mal über die aufgerissenen Körperpartien. Noch einmal wurde leise gesprochen... Einer der jungen Leute sagte laut: „Stehe ich so nicht besser?"... Und auf diese mir ebenfalls unverständlichen Worte antwortete der Marquis nur: „Näher heran, näher heran." Dann folgte eine dritte, noch gewaltigere Attacke. Im Verlauf derselben sagte Bressac zwei- oder dreimal hintereinander — gräßliche Flüche dazwischenmengend —: „Los, los, alle beide! Seht ihr nicht, daß ich sie hier auf der Stelle mit eigener Hand umbringen möchte?" Mit diesen zunehmend heftiger hervorgestoßenen Worten nahm die schändliche Schlächterei ein Ende. Es wurde noch einige Minuten leise gesprochen. Danach nahm ich wieder Geräusche wahr und fühlte meine Fesseln sich lösen. An dem blutgetränkten Rasen erkannte ich, in welchem Zustand ich mich befinden mußte. Der Marquis war allein, seine Gehilfen waren fort.

„Nun, du Dirne", sagte er, mich mit jener Art Wider=

willen betrachtend, der auf den Sinnenrausch folgt, „findest du nicht, daß dich die Tugend ziemlich teuer zu stehen kam? Und wären zweitausend Taler Rente nicht ebensoviel wert gewesen wie hundert Peitschen=
hiebe...?"

Ich warf mich am Fuß des Baumes nieder und war kurz davor, das Bewußtsein zu verlieren... Der Schurke gab sich aber mit den Greueltaten, zu denen er sich hatte hinreißen lassen, noch nicht zufrieden. Von dem Anblick meines Leidens grausam erregt, trampelte er mit den Füßen auf mir herum und drückte mich zu Boden, daß ich schier dem Ersticken nahe war.

„Ich bin sehr gütig, daß ich dir das Leben lasse", wiederholte er zwei= oder dreimal. „Gib wenigstens acht, was du mit meiner erneuten Gutherzigkeit an=
fängst..."

Dann hieß er mich aufstehen und meine Kleider an=
legen. Da aber das Blut nur so strömte und ich die einzigen Kleidungsstücke, die mir verblieben, nicht beschmutzen wollte, riß ich mechanisch Grasbüschel aus, um mich damit zu säubern. Unterdessen ging er auf und ab und ließ mich gewähren, mehr mit seinen eigenen Gedanken beschäftigt als mit mir. Die Schwellungen am ganzen Körper, das immer noch rinnende Blut und die unerträglichen Schmerzen machten mir das Ankleiden fast unmöglich. Aber der bestialische Mann, dem ich ausgeliefert war, das Un=
geheuer, das mich in diesen grausamen Zustand ver=
setzt hatte, der, für den ich noch wenige Tage zuvor

mein Leben gegeben hätte, besaß nicht einmal soviel Mitgefühl, mir zu helfen. Als ich fertig war, trat er heran:

„Gehen Sie, wohin Sie wollen", sagte er. „Sie müssen noch Geld in der Tasche haben. Ich nehme es Ihnen nicht weg; aber lassen Sie sich nicht mehr bei mir blicken, weder in Paris noch auf dem Land. Zu Ihrer Warnung sei gesagt, daß Sie in der Öffentlichkeit als Mörderin meiner Mutter gelten werden. Wenn sie noch atmet, werde ich ihr diesen Gedanken ins Grab mitgeben. Das ganze Haus wird es erfahren. Ich werde Sie bei Gericht anzeigen. Es wird um so unmöglicher für Sie sein, in Paris zu wohnen — darauf mache ich Sie aufmerksam — als Ihre erste Affäre, die Sie beendet glaubten, lediglich zurückgestellt worden ist. Man hat Ihnen gesagt, sie sei erledigt. Aber man hat Sie getäuscht. Der Haftbefehl ist noch nicht gelöscht. Man hat noch nichts in dieser Hinsicht unternommen, weil man sehen wollte, wie Sie sich führen. Sie haben jetzt also zwei Prozesse am Hals, statt nur einen. Und statt eines verächtlichen Wucherers haben Sie einen reichen und mächtigen Mann zum Feind, der gewillt ist, Sie bis zur Hölle zu verfolgen, falls Sie durch verleumderische Klagen das Leben mißbrauchen, das ich Ihnen lassen möchte."

„O Herr", antwortete ich, „wie hart auch immer Sie gegen mich verfahren sind, Sie haben nichts von mir zu befürchten. Ich glaubte, etwas gegen Sie unternehmen zu müssen, als es sich um das Leben Ihrer Mutter handelte. Aber nie werde ich etwas tun, wo es nur um die unglückliche Sophie geht. Leben Sie wohl, Herr, vermöchten Ihre Verbrechen Sie in dem Maße glücklich zu machen wie mich Ihre Grausam= keiten quälen. Doch welches Los auch immer Ihnen vom Himmel beschieden sein mag, solange er mein jammervolles Dasein zu erhalten beliebt, werde ich es nur damit verbringen, ihn für Sie um Beistand anzurufen."

Der Marquis hob den Kopf und konnte nicht umhin, mich bei diesen Worten anzublicken. Und als der Grausame mich tränenüberströmt sah — ich konnte mich kaum noch aufrecht halten — hatte er offenbar Angst, gerührt zu werden; denn er entfernte sich und sah sich nicht mehr nach mir um. Kaum war er außer Sicht, ließ ich mich zu Boden fallen und gab mich gänzlich meinem Schmerz hin. Die Luft hallte von meinen Seufzern wider. Ich benetzte das Gras mit meinen Tränen.

„O mein Gott", rief ich aus. „Du hast es so gewollt. Abermals ist die Unschuld nach Deinem Willen ein Opfer des Schuldigen geworden. Verfüge über mich, Herr, ich bin noch weit von den Leiden entfernt, die Du für uns erlitten hast. Mögen die Schmerzen, die ich — Dich verehrend — ertrage, mich eines Tages des Lohnes würdig machen, den Du dem Schwachen ver= sprichst, der in seiner Trübsal nur Deiner gedenkt und Dich in seinen Nöten verherrlicht!"

Die Nacht brach herein. Ich war außerstande weiter= zugehen; ich konnte mich kaum aufrecht halten. Da besann ich mich auf das Gehölz, in dem ich vor vier

Jahren in einem gewiß weit weniger elenden Zustand geschlafen hatte. Mühsam schleppte ich mich dorthin und ließ mich auf den gleichen Platz niedersinken. Von meinen immer noch blutenden Wunden gequält und von geistigem und seelischem Leid niedergeschla= gen, verbrachte ich dort die grausamste Nacht, die man sich vorstellen kann. Dank meiner Jugend und meines Temperaments hatte ich mich bis zum Mor= gengrauen etwas gestärkt. Die Nachbarschaft dieses grauenhaften Schlosses war mir zu entsetzlich. Ich entfernte mich eilig, ließ den Wald hinter mir und war fest entschlossen, die erstbeste Ortschaft aufzu= suchen, die auf meinem Weg lag. So gelangte ich zu dem sechs Meilen von Paris entfernten Marktflecken Claye. Ich fragte nach dem Haus des Arztes. Man zeigte es mir. Ich bat ihn, mich zu verbinden und erzählte ihm, ich sei wegen einer Liebesgeschichte aus dem Haus meiner Mutter in Paris entflohen und leider im Wald von Bondy an einige Schurken ge= raten, die mich so zugerichtet hätten, wie er selber sehen könne. Er wollte mich unter der Bedingung pflegen, daß ich bei dem Gerichtssekretär des Ortes ein Zeugnis ablegte. Ich willigte ein. Wahrscheinlich unternahm man Nachforschungen, von denen ich nie etwas erfuhr. Der Arzt wollte mich gern bis zu mei= ner Heilung im Hause beherbergen, und er pflegte mich so vorzüglich, daß ich vor Ablauf eines Monats vollständig wiederhergestellt war.

Sobald es mein Zustand erlaubte, nach draußen zu gehen, war es meine erste Sorge, ein junges Mädchen im Dorf zu finden, das geschickt und intelligent genug war, im Schloß von Bressac auszukundschaften, was sich dort seit meinem Weggang zugetragen hatte. Die Neugierde war nicht der einzige Grund, der mich zu diesem Schritt bestimmte. Eine vielleicht gefährliche Neugierde wäre gewiß deplaciert gewesen. Aber ich hatte das wenige bei der Gräfin verdiente Geld in meinem Zimmer zurückgelassen. Knapp sechs Louis= dor hatte ich bei mir und annähernd dreißig waren noch im Schloß. Ich hielt den Marquis nicht für derart grausam, daß er mir das, worauf ich so rechtmäßig Anspruch hatte, verweigern würde; ja, ich war über= zeugt, er würde mir, nachdem sein erster Zorn ver= flogen war, keine zweite Ungerechtigkeit widerfahren lassen. Ich schrieb einen über die Maßen rührenden Brief ... O weh, er war mehr als rührend. Mein trauerndes Herz sprach daraus vielleicht wider mei= nen Willen immer noch zugunsten des Verräters. Mit Bedacht hielt ich ihm meinen Aufenthaltsort ver= borgen und flehte ihn an, mir meine Sachen und das wenige eigene Geld, das noch in meinem Zimmer sei, zu schicken. Eine zwanzig= bis fünfundzwanzigjährige sehr muntere und gewitzte Bäuerin versprach mir, den Brief zu befördern und unter der Hand Erkundi= gungen einzuziehen, um mir nach ihrer Rückkehr über die verschiedenen Dinge, die ich von ihr hören wollte, berichten zu können. Ich legte ihr ausdrück= lich ans Herz, geheimzuhalten, woher sie komme, und kein Wort von mir verlauten zu lassen. Sie sollte nur sagen, sie habe den Brief von einem Mann, der ihn von irgendwoher — über fünfzehn Meilen weit entfernt — zu ihr gebracht habe. Jeannette, so hieß meine Botin, brach auf und nach vierundzwanzig Stunden brachte sie mir die Antwort. Ehe ich Ihnen das Billett des Marquis de Bressac zeige, muß ich Ihnen unbedingt berichten, Madame, was sich inzwischen bei ihm im Hause zugetragen hatte. An dem gleichen Tage, an dem ich das Schloß verließ, war die Gräfin Bressac ernsthaft erkrankt und in derselben Nacht noch gestorben. Alle Welt kam aus Paris aufs Schloß geeilt, und der Marquis behauptete, in höchster Verzweiflung (der Spitzbube!), seine Mutter sei von einer Kammerfrau vergiftet worden. Diese habe am gleichen Tage noch das Weite gesucht. Ihr Name sei Sophie. Man fahndete nach dieser Kammerfrau in der Absicht, sie auf dem Schafott sterben zu lassen, wenn man sie fände. Übrigens wurde der Marquis durch diese Erbschaft viel reicher, als er angenommen hatte. Die Geldschränke und die Edelsteine von Madame de Bressac, alles Dinge, von denen man wenig Kenntnis hatte, brachten dem Marquis, zusätzlich zu den regelmäßigen Einkünften, in den Besitz von über sechshunderttausend Franken teils in Sachwerten, teils in barem Geld. In seinem gespielten Schmerz hatte er große Mühe, hieß es, seine Freude zu verbergen. Die Verwandten, die zu der von dem Marquis geforderten Leichenöffnung zusammengerufen waren, hatten das Schicksal der unglücklichen Gräfin beweint und Vergeltung geschworen, sofern ihnen die Täterin in die Hände fiele, und sie hatten den

jungen Mann dann im vollen und ungestörten Besitz der Frucht seiner Schurkerei zurückgelassen. Herr de Bressac hatte selber mit Jeannette gesprochen und ihr verschiedene Fragen gestellt, die sie aber so sicher und freimütig beantwortete, daß er sich zu einer Er=
widerung entschloß, ohne sie weiter zu bedrängen.
Hier ist er, der fatale Brief', sagte Sophie und zog ihn aus der Tasche. ‚Hier ist er, Madame, mein Herz braucht ihn zuweilen. Ich werde ihn bis zum letzten Atemzug aufbewahren. Lesen Sie ihn, ohne zu schau=
dern, wenn Sie es können.'

Madame de Lorsange nahm das Billett aus den Hän=
den unserer schönen Abenteuerin entgegen und las folgende Worte:
‚Es ist sehr dreist von der Schurkin, die fähig war, meine Mutter zu vergiften, daß sie nach diesem greu=
lichen Vergehen noch wagt, mir zu schreiben. Sie täte gut daran, ihr Versteck geheimzuhalten. Denn sie kann sicher sein, daß es ihr schlecht ergehen wird, wenn man ihr auf die Spur kommt. Was erkühnt sie sich zu fordern...? Was spricht sie von Geld und von Sachen? Wiegt etwa das, was sie zurückgelassen haben kann, die Diebstähle auf, die sie während ihres Aufenthaltes im Hause oder auch durch die Ausführung ihres letzten Verbrechens begangen hat? Sie sollte sich hüten, eine ähnliche Sendung zu wiederholen, denn man wird ihren Boten so lange festhalten, bis dem Gericht der Aufenthaltsort der Schuldigen bekannt sein wird.'

‚Fahren Sie fort, mein liebes Kind', sagte Madame de Lorsange, Sophie den Brief zurückreichend. ‚Dieses Verhalten ist grauenerregend... In Gold zu schwimmen und einer Unglücklichen, die nicht an einem Verbrechen mitwirken wollte, ihren rechtmäßigen Verdienst auszuschlagen, das ist eine beispiellose Infamie.'

‚Ach, Madame', setzte Sophie ihre Geschichte fort, ‚zwei Tage lang habe ich über diesen unseligen Brief geweint; doch ich jammerte weit mehr über die gräßliche Verhaltensweise, die daraus sprach, als über die darin enthaltene Weigerung.
„Ich bin also schuldig", rief ich aus, „ich bin also abermals der Justiz ausgeliefert, weil ich ihre Dekrete zu sehr respektiert habe... Es sei denn! Ich bereue es nicht. Was mir auch zustoßen mag, solange meine Seele rein ist und ich kein anderes Unrecht begehe, als zuviel auf mein Gerechtigkeitsempfinden und mein Tugendbewußtsein zu hören, das mich nie verlassen wird, solange kenne ich weder einen moralischen Schmerz noch Gewissensbisse."
Ich konnte jedoch nicht glauben, daß die Nachforschungen, von denen der Marquis gesprochen hatte, wirklich angestellt wurden. Es kam mir so unwahrscheinlich vor, es war für ihn so gefährlich, mich vors Gericht zu bringen, daß ich vielmehr glaubte, er müsse über meine Nähe – sofern er sie jemals aufdeckte – innerlich viel erschrockener sein, als ich vor

seinen Drohungen zu zittern brauchte. Aus dieser Überlegung heraus beschloß ich, an Ort und Stelle zu bleiben und — falls möglich — eine Stellung anzunehmen, bis meine etwas aufgebesserten Mittel mir erlauben würden, von hier fortzugehen. Herr Rodin, so hieß der Arzt, bei dem ich wohnte, schlug mir von sich aus vor, bei ihm in Dienst zu treten. Er war ein Mann von fünfunddreißig Jahren, harten, unberechenbaren und brutalen Charakters. Im übrigen jedoch genoß er in der ganzen Gegend einen ausgezeichneten Ruf. Da er sich voll und ganz seinem Beruf widmete und keine Frau zu Hause hatte, war es ihm sehr angenehm, bei seiner Heimkehr jemanden vorzufinden, der sich um seinen Haushalt und um seine persönlichen Bedürfnisse kümmerte. Er bot mir zweihundert Franken pro Jahr an und dazu einiges Trinkgeld von seinen Patienten. Ich war mit allem einverstanden. Herr Rodin besaß eine viel zu genaue Kenntnis von meinem Körper, um nicht zu wissen, daß ich bis jetzt keinen Mann erkannt hatte. Er wußte auch von meinem innigen Wunsch, mich für immer rein zu erhalten. Er versprach, mich nie in diesem Punkt zu belästigen. Infolgedessen wurden wir bald handelseinig ... Ich vertraute mich meinem neuen Herrn jedoch nicht an, und er wußte immer noch nicht, wer ich war.

Zwei Jahre lang weilte ich schon in diesem Haus, und obgleich die Arbeit nicht abriß, war eine solche Seelenruhe über mich gekommen, daß ich meinen Kummer fast vergaß. Aber der Himmel wollte keine einzige Tugend in mir aufsteigen lassen, ohne mich sogleich mit Unglück zu beladen; und so geschah es, daß er mich abermals meiner traurigen Glück= seligkeit enthob, um mich in neues Leid zu stürzen. Eines Tages, als ich allein zu Hause war und durch verschiedene Gemächer ging, in denen ich zu tun hatte, kam es mir vor, als hörte ich aus dem Keller Wehklagen zu mir empordringen. Ich bewege mich darauf zu ... und kann jetzt deutlich unterscheiden, daß es sich um die Schreie eines jungen Mädchens handelt. Aber eine fest verschlossene Tür trennt mich von ihr. Es gelang mir nicht, mir Zugang zu ihrem Versteck zu verschaffen. Tausend Gedanken stürzten auf mich ein ... Was konnte es mit diesem Geschöpf hier unten auf sich haben? Herr Rodin hatte keine Kinder. Ich wußte auch von keinen Schwestern oder Nichten, für die er sich hätte interessieren können. Da er ein äußerst geregeltes Leben führte, hatte ich auch keine Ursache zu glauben, daß dieses junge Mädchen den Zwecken der Ausschweifung dienen sollte. Aus welchem Grund sperrte er sie also ein? Über die Maßen neugierig, dieses Problem zu lösen, war ich so kühn, das Kind auszuhorchen. Ich fragte sie, was sie hier tue und wer sie sei.

„Ach, Fräulein", antwortete die Unglückliche wei= nend, „ich bin die Tochter eines Holzfällers. Ich bin erst zwölf Jahre alt. Der Herr, der hier wohnt, zu= sammen mit einem Freund, hat mich gestern — in einem Moment, in dem mein Vater nicht in der Nähe war — entführt. Sie haben mich beide gemeinsam gefesselt und in einen Sack voll Kleie gesteckt, so daß ich drinnen nicht schreien konnte. Dann haben sie mich hinten aufs Pferd gepackt und gestern abend in der Dunkelheit hierher ins Haus gebracht. Ich wurde sogleich in diesen Keller geschafft. Was sie mit mir vorhaben, weiß ich nicht. Aber als wir hier angelangt waren, mußte ich mich nackt ausziehen. Sie haben meinen Körper untersucht und mich nach meinem Alter gefragt. Schließlich sagte der eine, der offenbar der Hausherr ist, zu dem anderen, die Operation müsse bis übermorgen abend verschoben werden, weil ich so verängstigt sei. Wenn ich mich beruhigt hätte, könnten sie besser experimentieren. Im übrigen würde ich alle für den Versuch erforderlichen Bedingungen aufs beste erfüllen. Nach diesen Worten schwieg das kleine Mädchen, fing dann aber noch um so bitterlicher zu weinen an. Ich bat sie, sich zu beruhigen, und versprach ihr Hilfe. Es fiel mir ziemlich schwer zu begreifen, was Herr Rodin und sein Freund, ein Arzt wie er, mit dieser Unglücklichen vorhaben mochten. Doch das Wort „Versuch", das ich bei anderen Gelegenheiten schon oft von ihnen gehört hatte, ließ mich auf der Stelle den Verdacht schöpfen, sie könnten womöglich den grauenhaften Plan haben, anatomische Sektionen an dem unglücklichen Kind vorzunehmen. Ich mochte diese grausame Vermutung nicht ohne weiteres für wahr halten und beschloß, Genaueres zu erkunden. Rodin kehrte mit seinem Freund nach Hause zurück. Sie soupieren gemeinsam und schicken mich aus dem

Zimmer. Ich tue, als gehorchte ich ihnen, lausche aber in einem Versteck und muß mich durch ihre Unter=haltung nur zu sehr von ihrem entsetzlichen Vor=haben überzeugen lassen.

„Niemals wird man diesen Teil der Anatomie gänz=lich ergründen können", sagte einer der beiden, „wenn man ihn nicht mit äußerster Sorgfalt an einem Subjekt von zwölf oder dreizehn Jahren untersucht, das schon in dem gleichen Moment geöffnet wird, in dem sich der Schmerz den Nerven mitteilt. Es ist widerwärtig, daß der Fortschritt unserer Künste durch nichtige Rücksichten aufgehalten wird... Nun frei=lich, ein Individuum wird geopfert; aber dafür wer=den Millionen gerettet. Darf man um diesen Preis noch zaudern? Ist der durch das Gesetz bewirkte Mord anderer Art als der, den wir mit unserer Ope=ration vollbringen; und ist es nicht Zweck auch dieser weisen Gesetze, einen zu opfern, um tausend zu retten? Es sollte uns also nichts zurückhalten."

„Oh, was mich betrifft, so bin ich bereit", entgeg=nete der andere, „ich hätte es schon lange gemacht, wenn ich allein den Mut dazu gehabt hätte..."

Den Rest der Unterhaltung gebe ich Ihnen nicht wie=der. Es handelte sich nur noch um fachliche Dinge. Ich habe sie kaum im Gedächtnis behalten. Von die=sem Moment an ging es mir nur noch um die auf jeden Fall durchzuführende Rettung dieses unglück=lichen Opfers einer zweifellos in jeder Hinsicht wert=vollen Kunst, deren Fortschritt mir aber mit der Preisgabe der Unschuld zu teuer erkauft schien. Die beiden Freunde trennten sich, und ohne ein Wort an mich zu richten, legte Rodin sich schlafen. Am Morgen des folgenden Tages, der für die grausame Opferung ausersehen war, ging er wie gewöhnlich aus, sagte mir aber, er werde erst spät heimkehren und wie am Vorabend gemeinsam mit seinem Freund soupieren. Kaum war er aus dem Haus, widmete ich mich nur noch meinem Rettungsplan ... Der Himmel begünstigte ihn, doch ich wüßte nicht zu sagen, ob seine Hilfe der preisgegebenen Unschuld galt oder ob er auf diese Weise nur wieder eine mitleidsvolle Handlung der unglücklichen Sophie strafen wollte ... Die Frage sollen Sie selbst entscheiden, Madame: Ich werde die Fakten schildern. Nachdem ich durch die Hand der unergründlichen Vorsehung derart niedergedrückt bin, vermag ich nicht mehr zu erforschen, welche Absichten sie mit mir hat. Ich habe mich bemüht, ihren Bestimmungen gerecht zu werden. Dafür bin ich grausam gestraft worden; mehr kann ich dazu nicht sagen.

Ich steige in den Keller hinab und frage das kleine Mädchen noch einmal aus ... Immer wieder dieselben Reden, immer wieder dieselben Ängste. Ich frage sie, ob sie weiß, wo der Schlüssel zu ihrem Gefängnis hingelegt wurde ... „Nein, ich weiß es nicht", erwidert sie, „aber ich glaube, sie nehmen ihn immer mit ..." Vorsichtshalber suche ich nach. Plötzlich ist unter meinen Füßen im Sand etwas zu fühlen, ich bücke mich ... Es ist der Schlüssel, ich öffne die Tür ... Die arme unglückliche Kleine wirft sich mir

zu Füßen, sie benetzt meine Hände mit Tränen der Dankbarkeit und ohne zu bedenken, welche Gefahr ich selber laufe, ohne zu überlegen, welches Los mich erwartet, suche ich nur noch dem Kind zur Flucht zu verhelfen. Glücklicherweise begegnet uns niemand, während ich sie aus dem Dorf schaffe. Ich führe sie auf den Waldweg. Dort umarme ich sie und freue mich mit ihr über ihr Glück und über die Freude, die ihr Vater bei ihrem Anblick empfinden würde. Dann kehre ich eiligst in die Wohnung zurück.
Zu besagter Stunde kehren unsere beiden Ärzte heim, voller Hoffnung, ihre widerlichen Pläne ausführen zu können. Sie soupieren sehr fröhlich, doch in Eile, und begeben sich nach der Mahlzeit in den Keller hinab. Ich hatte keine weiteren Verschleierungsmaßnahmen getroffen, als das Schloß aufzubrechen und den Schlüssel wieder dort hinzulegen, wo ich ihn gefun= den hatte; es sollte so aussehen, als hätte das kleine Mädchen sich selbst gerettet. Aber die beiden, die ich täuschen wollte, ließen sich nicht so leicht hinters Licht führen... Rodin kommt wütend nach oben, stürzt sich auf mich und fragt mich prügelnd, was ich mit dem von ihm eingesperrten Kind angefangen habe. Erst leugne ich... Aber in meiner unseligen Wahrheitsliebe gestehe ich schließlich doch alles. Nichts kommt den harten und heftigen Ausdrücken gleich, deren sich die beiden Schurken jetzt bedienen. Der eine schlägt vor, mich an Stelle des von mir geretteten Kindes zu verwenden, der andere hat noch greulichere Foltern im Sinn, und all diese Worte und

Vorsätze, dazu die Schläge, die mich von einem zum anderen taumeln ließen, betäubten mich bald so weit, daß ich bewußtlos zu Boden fiel. Das ließ ihre Wut etwas erkalten. Rodin ruft mich wieder zum Leben zurück, und sobald ich wieder bei Besinnung bin, muß ich mich nackt ausziehen. Zitternd gehorche ich. Als ich in dem von ihnen gewünschten Zustand bin, hält mich der eine fest und der andere geht ans Werk. Sie schneiden mir an jedem Fuß eine Zehe ab, dann setzen sie mich auf und reißen mir jeder einen Zahn aus dem Mund:

„Das ist noch nicht alles", sagt Rodin und legt ein Eisen ins Feuer. „Als Gepeitschte habe ich sie aufgenommen, als Gebrandmarkte will ich sie fortjagen."

Und bei diesen Worten drückt mir der Niederträchtige, während sein Freund mich festhält, das glühende Eisen, mit dem man die Diebe brandmarkt, hinten auf die Schulter...

„Jetzt soll sie aufmucken, die Dirne, soll sie es wagen", sagt Rodin wütend, „wenn ich auf dieses Schandmal hinweise, so werde ich damit ohne weiteres begründen können, warum ich sie so heimlich und übereilt entlassen habe."

Danach ergreifen mich die beiden Freunde. Es war Nacht. Sie führen mich an den Waldrand und lassen mich dort in grausamer Weise allein zurück, nachdem sie mir erst noch erläutert haben, welche Gefahren ich liefe, wenn ich in meinem schmachvollen Zustand Klage gegen sie erhöbe.

Jeder andere als ich hätte sich wenig um diese Drohung gekümmert. Was hatte ich denn zu befürchten, wenn ich beweisen konnte, daß die Behandlung, die ich soeben erfahren hatte, nicht das Werk eines Gerichtes war? Aber meine Schwäche, meine unveränderte Naivität und der entsetzliche Gedanke an mein Unglück in Paris und auf dem Schloß von Bressac, alles das lähmte und ängstigte mich. Ich hatte nach dem Nachlassen der Schmerzen nur eines im Sinn: mich von diesem verhängnisvollen Ort zu entfernen. Da man die mir beigebrachten Wunden sorgfältig verbunden hatte, waren die Schmerzen schon am nächsten Morgen gelindert. Nachdem ich eine der grauenhaftesten Nächte meines Lebens unter einem Baum verbracht hatte, machte ich mich bei Tagesanbruch auf den Weg. Die Wunden an meinen Füßen hinderten mich am raschen Weiterkommen. Aber da ich es eilig hatte, mich aus der Umgebung eines für mich so unheilvollen Waldes zu entfernen, legte ich am ersten Tag dennoch vier Meilen zurück, und am folgenden und am übernächsten ebensoviel. Ich hatte jedoch keine Orientierung und fragte auch nicht nach dem Weg. So kam es, daß ich im Kreis um Paris herumwanderte und mich am vierten Tag abends erst in Lieusaint befand. Ich wußte nun, daß diese Straße mich in die südlichen Provinzen Frankreichs führen würde, und so beschloß ich, diese Richtung einzuschlagen und wenn möglich, entferntere Gegenden aufzusuchen. Ich dachte, Friede und Ruhe, die mir in meiner Heimat so grausam verweigert geblieben wa=

ren, würden mich vielleicht am Ende der Welt erwarten.

Verhängnisvoller Irrtum! Und welche Qualen blieben mir noch vorbehalten! Meine Einnahmen bei Rodin waren erheblich geringer gewesen als bei dem Marquis de Bressac. Ich war also gar nicht auf die Idee gekommen, einen Teil des Geldes beiseite zu legen, und so trug ich glücklicherweise alles — das heißt zehn Louisdor — bei mir. Das war der Betrag, den ich noch teils vom Bressacschen Lohn gerettet und teils bei dem Arzt verdient hatte. In dem Übermaß meines Unglücks pries ich mich glücklich, daß man mir diese Mittel nicht geraubt hatte. Ich bildete mir ein, sie würden wenigstens solange reichen, bis ich in der Lage wäre, mir eine neue Stellung zu suchen. Die mir zugefügte Schmach war nach außen hin nicht sichtbar. Ich glaubte, sie stets verheimlichen zu können. Das Brandmal würde mich also nicht daran hindern, meinen Lebensunterhalt zu verdienen. Ich war zweiundzwanzig Jahre alt und obgleich zart und schlank, doch von robuster Gesundheit. Mein Aussehen war so, daß man es zu meinem Pech mehr lobte, als mir lieb war, und ich besaß einige, mir zwar immer zum Schaden gereichende Tugenden, die mich aber innerlich doch trösteten und mir die Hoffnung gaben, daß die Vorsehung sie schließlich belohnen oder mindestens das von ihnen heraufbeschworene Leid lindern werde.

Voller Hoffnung und Mut setzte ich meinen Weg bis nach Sens fort. Da aber bereiteten mir meine schlecht

verheilten Füße unerträgliche Schmerzen. Ich be=
schloß, einige Tage auszuruhen; ich wagte jedoch
nicht, irgend jemanden in die Ursache meines Leidens
einzuweihen. Es fiel mir ein, daß Rodin bei ähnlichen
Wunden bestimmte Medikamente anwendete. Die
kaufte ich und kurierte mich selber aus. Nach einer
Ruhewoche war ich vollständig wiederhergestellt.
Vielleicht hätte ich auch in Sens eine Stellung gefun=
den. Ich war aber von der Notwendigkeit überzeugt,
mich weiter entfernen zu müssen, und so wollte ich
mich dort erst gar nicht nach einer Arbeit umsehen.
Ich setzte meinen Weg fort in der Absicht, in der
Dauphiné mein Glück zu versuchen. In meiner Kind=
heit hatte ich viel von dieser Gegend sprechen gehört.
Dort mußte das Glück zu finden sein, dachte ich mir.
Wir werden sehen, wie es mir erging.
Noch in keiner Lebenslage hatte ich mein religiöses
Bekenntnis aufgegeben. Ich verachtete die eitlen
Sophismen der Freigeister. Sie erschienen mir weit
mehr das Ergebnis der Libertinage als das einer
festen Überzeugung. Mit Herz und Gewissen trat ich
ihnen entgegen und fand in beidem die Kraft, ihnen
zu begegnen. Wenn mich das Unglück auch zuweilen
zwang, meine Andachten zu vernachlässigen, so holte
ich dieses Versäumnis doch bei jeder Gelegenheit
nach. Ich war am 7. Juni von Auxerre aufgebrochen.
Niemals werde ich diesen Tag vergessen. Etwa zwei
Meilen hatte ich zurückgelegt. Die Hitze begann
drückend zu werden. Ich beschloß, eine kleine waldige
Erhebung — etwas abseits zur Linken des Weges — zu

besteigen. Dort wollte ich mich erfrischen und ein paar Stunden schlafen, und zwar wohlfeiler als in einer Herberge und sicherer als dicht neben der Landstraße. Ich steige bergan und lasse mich am Fuße einer Eiche nieder. Nach einem einfachen Mahl, bestehend aus etwas Brot und Wasser, gebe ich mich den Wonnen des Schlafes hin. Zwei Stunden lang schlummere ich völlig ungestört. Beim Erwachen betrachtete ich mit Muße die vor mir liegende Landschaft, wohlgemerkt seitab des Weges. Etwa drei Meilen entfernt glaubte ich, mitten aus einem sich bis zum Horizont erstreckenden Wald heraus einen kleinen Kirchturm unscheinbar in die Höhe ragen zu sehen.

„Süße Einsamkeit", sagte ich mir, „wie beneide ich dich um deine Wohnstätte! Das dort muß die Zuflucht einiger Nonnen oder heiliger Einsiedler sein, die einzig ihren Pflichten leben, sich ganz der Religion geweiht haben und sich abseits von der verderbten Gesellschaft halten, in der das Verbrechen, unablässig die Unschuld bekämpfend, am Ende doch immer triumphiert. Ich glaube sicher, dort leben alle Tugenden vereint."

Ich war in diese Überlegungen versunken, als ich plötzlich ein junges Mädchen meines Alters schafehütend auf dem Plateau erblickte. Ich fragte sie nach jener Siedlung. Sie erwiderte mir, was ich dort sähe sei ein Rekollektenkloster, bewohnt von vier Einsiedlern, deren Religiosität, Enthaltsamkeit und Bescheidenheit unvergleichlich sei. „Einmal im Jahr pilgern die Leute dorthin", sagte das Mädchen, „wegen einer

wundertätigen Jungfrau, die den Gläubigen alle Wün=
sche erfüllt."

In meiner Sehnsucht, sogleich zu Füßen der heiligen
Gottesmutter um Beistand zu flehen, fragte ich das
Mädchen, ob sie mich dorthin begleiten wolle. Sie
sagte mir, das sei ihr unmöglich, da ihre Mutter sie
jeden Augenblick zu Hause erwarte. Der Weg sei
aber leicht zu finden. Sie zeigte ihn mir und sagte,
der Pater Guardian, einer der achtbarsten und heilig=
sten Menschen, werde mich nicht nur freundlich emp=
fangen, sondern mir auch Hilfe bieten, sofern ich
derer bedürfe.

„Ehrwürdiger Vater Raphael wird er genannt", fuhr
das Mädchen fort. „Er ist Italiener, hat aber sein
ganzes Leben in Frankreich zugebracht. Er liebt die
Einsamkeit und hat einige beachtliche Vergünstigun=
gen des Papstes, mit dem er verwandt ist, abgelehnt.
Er stammt aus einer bedeutenden Familie, ist etwa
fünfzig Jahre alt, sanftmütig, hilfsbereit und voller
Eifer und Frömmigkeit. Überall in der Umgebung gilt
er als ein Heiliger."

Der Bericht der Hirtin hatte mich noch mehr begei=
stert. Unmöglich konnte ich dem Wunsch länger
widerstehen, zu diesem Kloster zu pilgern und die
Nachlässigkeit, deren ich mich schuldig gemacht hatte,
durch vielerlei fromme Übungen wiedergutzumachen.
Ich gebe dem Mädchen eine kleine Gabe, so sehr ich
meinerseits der Almosen bedarf, und mache mich auf
den Weg nach Sainte-Marie-des-Bois (so hieß das
Kloster, dem ich mich zuwendete). Als ich mich wie=

der in der Ebene befand, war der Glockenturm nicht mehr zu sehen, und ich hatte nur noch den Wald zu meiner Orientierung. Ich hatte meine Wegweiserin nicht gefragt, wie viele Meilen es von dort, wo wir uns getroffen hatten, bis zum Kloster waren. Ich merkte bald, daß die Entfernung eine weit größere war als ich geschätzt hatte. Aber nichts konnte mich entmutigen. Ich gelange an den Waldrand; da es noch hell ist und ich das Kloster mit Sicherheit vor Einbruch der Nacht zu erreichen glaubte, entschließe ich mich, in den Wald einzudringen... Doch keine Spur von einem Menschen und kein einziges Haus war zu sehen. Als Weg gab es lediglich einen kaum ausgetretenen Pfad, den ich auf gut Glück einschlug. Von dem Hügel bis hierher hatte ich schon minde= stens fünf Meilen zurückgelegt. Und ursprünglich meinte ich, es könnten mich höchstens drei Meilen von meinem Ziel trennen. Aber noch immer war nichts davon zu sehen. Als die Sonne schon fast untergegangen war, hörte ich endlich Glockenläuten, jedoch mindestens eine Meile von mir entfernt. Ich orientierte mich nach dem Schall und beschleunigte meine Schritte. Der Pfad wurde etwas breiter... Nach einer Stunde Weges von dem Augenblick an, in dem ich die Glocke gehört hatte, bemerkte ich endlich einige Hecken und bald darauf das Kloster. Nichts konnte wilder sein als diese Einsamkeit: Kein einziges Haus gab es in der Nachbarschaft — das nächste Anwesen war sechs Meilen von hier —, und im Umkreis von drei Meilen nichts als Wald. Das

Kloster lag in einer Mulde. Ich brauchte ziemlich lange, um hinabzusteigen. Aus diesem Grunde hatte ich auch in der Ebene den Glockenturm aus den Augen verloren. Gegen die Mauer des Innengebäudes war die Hütte eines mit der Gartenarbeit betrauten Klosterbruders gebaut. An ihn mußte man sich wenden, wenn man Zutritt begehrte. Ich frage diesen heiligen Eremiten, ob es erlaubt sei, den Pater Guardian zu sprechen... Er fragt nach meinem Begehren... Ich gebe ihm zu verstehen, daß eine religiöse Pflicht... daß ein Gelübde mich zu dieser frommen Einsiedelei gelockt habe. Ich würde gänzlich getröstet sein, wenn ich nach all den Mühen des Weges einen Moment niederknien dürfe vor der Jungfrau und dem heiligen Klostervorsteher, in dessen Haus ihr wunderbares Abbild wohne.

Der Bruder bittet mich auszuruhen und begibt sich alsdann ins Kloster. Da es schon dunkel war und die Patres, wie er sagte, zu Abend aßen, dauerte es eine Weile, bis er zurückkam. Endlich erschien er mit einem Geistlichen.

„Hier ist Pater Clemens, Mademoiselle", sagte der Bruder. „Er ist der Verwalter des Hauses. Er will sehen, ob Ihre Wünsche so gewichtig sind, daß es lohnt, den Pater Guardian zu stören."

Pater Clemens war ein Mann von fünfundvierzig Jahren, ungeheuer beleibt und ein Riese von Gestalt. Er blickte wild und düster drein, seine Stimme war hart und rauh im Ton, sein Anblick machte mich eher schaudern, als daß er mich tröstete... Unge=

wollt überfiel mich ein Zittern, und ohne daß ich dagegen angehen konnte, kam mir all mein vergangenes Unglück in den Sinn.

„Was wollen Sie?" fragte der Mönch mit harter Stimme. „Ist das die rechte Stunde, um in eine Kirche zu gehen? Sie sehen mir recht nach einer Abenteurerin aus."

„Heiliger Mann", sagte ich auf die Knie fallend, „ich dachte, man könnte sich zu jeder Zeit in einem Gotteshaus einfinden. Ich komme von weit her und habe mich voller Inbrunst und Demut hierherbegeben. Wenn es möglich ist, möchte ich beichten; und wenn Sie mein Gewissen kennen, werden Sie sehen, ob ich würdig bin oder nicht, zu Füßen des wunderbaren Bildes niederzuknien, das Sie in Ihrem heiligen Haus bewahren."

„Aber jetzt ist auch nicht gerade der rechte Zeitpunkt zum Beichten", sagte der Mönch etwas milder gestimmt. „Wo werden Sie die Nacht zubringen? Wir haben keine Möglichkeit, Sie zu beherbergen. Besser kämen Sie morgen früh wieder her."

Da nannte ich ihm alle Gründe, die mich daran hinderten, und ohne noch etwas darauf zu erwidern, ging er, um dem Guardian zu berichten. Wenige Minuten später hörte ich, daß man die Kirche öffnete. Der Pater Guardian selbst kam mir, auf das Gärtnerhäuschen zugehend, entgegen und lud mich ein, mit ihm in das Gotteshaus einzutreten. Pater Raphael — ich halte es für ratsam, Ihnen gleich eine Beschreibung zu geben — war so alt, wie man mir ge=

sagt hatte, aber man hätte ihm nicht einmal vierzig Jahre gegeben. Er war schlank, recht groß, hatte geistreiche und milde Gesichtszüge und sprach sehr gut französisch, jedoch mit leichtem italienischen Akzent. Nach außen hin gab er sich so vornehm und zuvorkommend, wie er innerlich finster und wild war. Ich werde noch allzu oft Gelegenheit haben, Sie davon zu überzeugen. „Mein Kind", sagte der Geistliche gütig, „obgleich wir nicht die Gewohnheit haben, zu so ungewöhnlich später Stunde Leute zu empfangen, werde ich dennoch Ihre Beichte anhören. Danach wollen wir eine Möglichkeit suchen, wie Sie die Nacht auf schickliche Weise zubringen können. Morgen früh werden Sie dann das heilige Bild, das wir besitzen, begrüßen dürfen." Nach diesen Worten ließ der Mönch einige Leuchter rings um den Beichtstuhl anzünden. Er hieß mich dort Platz nehmen, und nachdem er den Bruder weggeschickt hatte und alle Türen verschlossen waren, forderte er mich auf, mich ohne Scheu ihm anzuvertrauen. Da die Angst, die mir Pater Clemens eingejagt hatte, in der Gegenwart dieses scheinbar so sanftmütigen Mannes gänzlich verging, warf ich mich vor meinem Beichtvater auf die Knie und eröffnete mich ihm rückhaltlos. In meiner üblichen Einfalt und in meinem Vertrauen verschwieg ich ihm nichts von alledem, was meine Person betraf. Ich gestand ihm all meine Fehltritte und vertraute ihm all mein Mißgeschick an; nichts blieb unerwähnt, nicht einmal das Schandmal, mit dem mich der abscheuliche Rodin gebrandmarkt hatte.

Pater Raphael lauschte mir mit größter Aufmerk=
samkeit. Mit mitleidiger, barmherziger Miene ließ er
mich sogar mehrere Einzelheiten wiederholen...
Seine wichtigsten Fragen bezogen sich mehrfach auf
die folgenden Punkte:
1. Ob ich wirklich eine Waise sei und aus Paris
   stamme.
2. Ob ich bestimmt keine Eltern, keine Freunde und
   keine Gönner mehr habe; ob ich wirklich mit
   keinem Menschen korrespondiere.
3. Ob ich nur der Hirtin meinen Plan, zu diesem
   Kloster zu gehen, anvertraut und ob ich mich
   nach meiner Rückkehr nicht mit ihr verabredet
   habe.
4. Ob es feststehe, daß ich Jungfrau und erst zwei=
   undzwanzig Jahre alt sei.
5. Ob mit Sicherheit niemand hinter mir hergegan=
   gen sei und ob mich kein Mensch ins Kloster habe
   eintreten sehen.

Nachdem ich diesen Fragen Genüge getan und mit
größter Naivität darauf geantwortet hatte, erhob sich
der Mönch, nahm mich bei der Hand und sagte:
„Schön, mein Kind. Kommen Sie. Es ist zu spät, um
Sie die Jungfrau noch heute abend begrüßen zu las=
sen. Ich werde Ihnen die süße Genugtuung verschaf=
fen, morgen zu Füßen ihres Abbildes zu kommuni=
zieren. Aber vorerst wollen wir darüber nachdenken,
wie Sie heute abend zu einem Essen und zu einer
Schlafstelle kommen."
Mit diesen Worten führte er mich zur Sakristei.

„Wie", sagte ich da, von einer gewissen Unruhe ge=
packt, die ich nicht zu unterdrücken vermochte, „wie,
mein Vater, innerhalb Ihres Hauses?"

„Wo sonst, charmante Pilgerin", erwiderte der
Mönch, eine der Verbindungstüren von der Sakristei
zum Kreuzgang öffnend, die mich endgültig in das
Innere des Hauses einließ ... „Was? Sie haben Angst,
die Nacht mit vier Geistlichen zu verbringen? Oh,
Sie werden sehen, mein Engel, daß wir gar nicht so
bigott sind, wie es den Anschein hat, und daß wir
es verstehen, uns mit einem hübschen Mädchen zu
amüsieren ..."

Diese Worte ließen mich erschaudern: „O gerechter
Himmel", sagte ich mir, „bin ich denn wieder das
Opfer meiner Gutgläubigkeit geworden und soll mein
Wunsch, mich dem zu nähern, was die Religion an
Ehrwürdigstem zu bieten hat, abermals wie ein Ver=
brechen gestraft werden?" Unterdessen gehen wir im=
mer weiter im Dunkeln voran. Als wir das Ende des
Kreuzgangs erreicht haben, wird endlich eine Treppe
sichtbar. Der Mönch läßt mich vorangehen, und als
er mich ein wenig zögern sieht, sagt er zornig und
von seiner einschmeichelnden Stimme unmittelbar in
den beleidigendsten Tonfall überwechselnd:

„Zweifache Dirne, meinst du, es bliebe dir noch Zeit
umzukehren? Teufel nochmal! Du wirst bald erle=
ben, ob es für dich vielleicht nicht glücklicher gewe=
sen wäre, in eine Räuberhöhle zu geraten als in die
Hände von vier Rekollekten."

Die Gegenstände des Schreckens mehrten sich in so

rasender Geschwindigkeit vor meinen Augen, daß ich nicht einmal Zeit hatte, mich über diese letzten Worte zu beunruhigen. Ehe sie mir überhaupt richtig zum Bewußtsein kommen, dringen schon neue mich ängstigende Dinge auf mich ein. Die Tür öffnet sich, und ich sehe drei Mönche und drei junge Mädchen um einen Tisch versammelt, alle sechs in der unanständigsten Aufmachung der Welt. Zwei der Mädchen waren gänzlich nackt, die dritte wurde gerade entkleidet, und die Mönche befanden sich in annähernd dem gleichen Zustand...

„Meine Freunde", sagte Raphael ins Zimmer tretend, „es fehlte uns noch eine, hier ist sie. Erlaubt, daß ich Euch ein wirkliches Phänomen vorstelle. Hier steht eine Lukrezia, die auf ihren Schultern das Mal eines Mädchens von schlechtem Lebenswandel trägt und zugleich da" — dabei machte er eine so bedeutsame wie unanständige Geste — „... da, meine Freunde, den untrüglichen Beweis ihrer Jungfräulichkeit liefert."

Von allen Ecken des Saales tönte Gelächter über diese sonderbare Einführung, und Clemens, derjenige, den ich als ersten gesehen hatte, rief, schon halb betrunken, man müsse die Sache unverzüglich nachprüfen. Da ich Ihnen unbedingt die Leute schildern muß, mit denen ich hier zusammen war, sehe ich mich gezwungen, an dieser Stelle zu unterbrechen. Aber ich werde Sie so kurz wie irgend möglich über mein weiteres Ergehen im Unklaren lassen.

Raphael und Clemens kennen Sie schon so zur Ge=

nüge, so daß ich gleich zu den beiden anderen über=
gehen kann. Antoninus, der dritte Mönch, war ein
kleiner Mann von vierzig Jahren, hager, schmächtig,
feurigen Temperaments, satyrhaft von Gestalt, be=
haart wie ein Bär, von zügelloser Ausschweifung und
beispielloser Spottsucht und Boshaftigkeit. Pater Je=
ronimus, der Älteste des Hauses, war ein alter Li=
bertin von sechzig Jahren, ein ebenso harter und
brutaler Mann wie Clemens, aber noch trunksüchti=
ger. Gegen die üblichen Sinnenfreuden abgestumpft,
mußte er, wenn er einen Schimmer von Wollust emp=
finden wollte, zu so verderbten wie abstoßenden
Praktiken Zuflucht nehmen.
Florette war die jüngste der Frauen. Sie stammte
aus Dijon, war etwa vierzehn Jahre alt, Tochter eines
reichen Bürgers jener Stadt und von Trabanten Ra=
phaels entführt worden, der als reicher und angese=
hener Mann seines Ordens nichts ausließ, was sei=
nen Leidenschaften dienen mochte. Sie hatte braunes
Haar, sehr hübsche Augen und pikante Gesichts=
züge. Cornelia war etwa sechzehn Jahre alt und
blond. Sie hatte ein interessantes Gesicht, schönes
Haar, eine blendende Haut und die denkbar schönste
Figur. Sie stammte aus Auxerre, war die Tochter
eines Weinhändlers und von Raphael selbst ver=
führt worden, der sie heimlich in seine Fallen ge=
lockt hatte. Omphale war eine hochgewachsene Frau
von dreißig Jahren. Sie hatte sehr sanfte und ange=
nehme Gesichtszüge, üppigste Formen, prachtvolles
Haar, den allerschönsten Busen und die zärtlichsten

Augen, die man je gesehen hat. Sie war die Tochter eines wohlhabenden Winzers in Joigny und stand kurz vor der Eheschließung mit einem Mann, der ihr Glück machen sollte, als Jeronimus sie im Alter von sechzehn Jahren mit Hilfe raffiniertester Betörungen aus ihrem Elternhaus raubte. Das war die Gesell=
schaft, in der ich künftig leben sollte; so und nicht anders sah die schmutzige und sumpfige Kloake aus, wo ich mir eingebildet hatte, Tugenden zu finden, die diesem ehrwürdigen Asyl angemessen sein wür=
den.

Man gab mir also zu verstehen, daß es — da ich mich nun einmal in diesem schaurigen Kreise befände — für mich das beste sei, die Folgsamkeit meiner Ge= fährtinnen nachzuahmen.

„Sie können sich leicht denken", sagte Raphael zu mir, „daß es hier in dieser unzugänglichen Einsiede= lei, zu der Sie Ihr Unstern geführt hat, zwecklos wäre, Widerstand zu leisten. Sie haben, sagen Sie, allerlei Unglück erlebt, und nach Ihren Berichten stimmt das. Aber sehen Sie, die größte aller Mißhelligkeiten für ein tugendhaftes Mädchen fehlt noch auf Ihrer Liste. Ist es etwa natürlich, in Ihrem Alter noch Jungfrau zu sein? Ist das nicht vielmehr eine Art von Wun= der, das nicht mehr länger dauern kann...? Das hier sind Ihre Gefährtinnen, die — wie Sie — einige Umstände gemacht haben, als sie sich gezwungen sa= hen, uns zu dienen. Aber sobald sie erkannt hatten, daß jedes Sträuben ihnen nur schlechte Behandlung einbringen konnte, haben sie sich schließlich gefügt.

Wie sollten Sie, Sophie, in dieser Situation die Hoff=
nung haben, sich erfolgreich wehren zu können? Be=
denken Sie, wie einsam Sie sind auf dieser Welt.
Ihrem eigenen Geständnis nach blieben Ihnen weder
Eltern noch Freunde. Machen Sie sich Ihre Lage klar:
In einer Wüste, ohne jede Hilfe, auf der ganzen Erde
unbekannt, in den Händen von vier Libertins, die
bestimmt keine Lust haben, Sie zu schonen ... Zu
wem könnten Sie Zuflucht nehmen? Etwa zu diesem
Gott, den Sie mit solchem Eifer angefleht haben und
der Ihre Inbrunst nur ausnutzt, Sie um so gewisser
in die Falle zu stürzen?
Sie sehen also, daß weder eine menschliche noch eine
göttliche Macht Sie unseren Händen zu entziehen
vermag; daß es weder in dem Bereich des Möglichen
noch in dem des Wunderbaren ein Mittel gibt, das
Ihnen die Tugend, auf die Sie so stolz sind, noch
länger zu erhalten vermöchte. Es gibt nichts, kurz
gesagt, was Sie davor bewahren könnte, in jeder
Hinsicht und in jeder vorstellbaren Weise die Beute
der unzüchtigen Ausschreitungen zu werden, denen
wir uns alle vier mit Ihnen hinzugeben gedenken.
Entkleiden Sie sich also, Sophie, und machen Sie sich
durch völlige Ergebenheit unserer Güte verdient,
die aber sofort durch harte und schimpflichste Be=
handlung abgelöst werden wird, wenn Sie sich nicht
fügen ... durch eine Behandlung, die uns nur noch
mehr aufstacheln würde, ohne Sie vor unserer Un=
mäßigkeit und Brutalität zu schützen."
Ich empfand nur zu deutlich, daß diese ungeheuer=

liche Rede mir keinen Ausweg ließ. Aber hätte ich mich denn nicht schuldig gemacht, wenn ich nicht wenigstens den letzten Versuch unternommen hätte, den mir mein Herz diktierte und den mir die Natur noch ließ? Ich werfe mich vor Raphael zu Boden; alle Seelenkraft wende ich auf und flehe ihn an, meine Lage nicht zu mißbrauchen. Bitterste Tränen strömen über seine Knie. Weinend wage ich, alles vorzubringen, was mir meine Seele an Rührendstem eingibt. Aber ich wußte noch nicht, daß Tränen in den Augen des Verbrechens und der Ausschweifung etwas doppelt Anziehendes haben. Ich wußte nicht, daß alle meine Versuche, diese Ungeheuer zu rühren, sie nur um so mehr entflammen würden... Raphael erhebt sich wütend:

„Nimm diese Bettlerin, Antoninus", sagt er stirnrunzelnd, „ziehe sie vor unseren Augen sogleich nackt aus und bringe ihr bei, daß Mitleid bei Männern unserer Art nicht zulässig ist."

Antoninus greift mich mit hagerem und nervigem Arm und reißt mir, seine Worte und Bewegungen mit schauerlichen Flüchen vermischend, innerhalb von zwei Minuten die Kleider vom Leib und stellt mich den Versammelten nackt zur Schau.

„Ein schönes Geschöpf ist das", sagt Jeronimus, „das Kloster soll mich erschlagen, wenn ich in den letzten dreißig Jahren eine schönere Person gesehen habe."

„Einen Augenblick", sagt der Guardian, „wir wollen nach gewissen Regeln vorgehen: Ihr kennt unsere Aufnahmebedingungen, Freunde. Sie soll dieselben

ausnahmslos erfüllen und währenddessen werden sich die drei anderen Frauen um uns herumstellen, um etwaigen Bedürfnissen zu begegnen, oder vielmehr: um diese zu erregen.
Sogleich bildet sich ein Kreis. Man placiert mich in die Mitte und dort werde ich über zwei Stunden lang von den vier Libertins examiniert, begutachtet und betastet, wobei sich alle der Reihe nach lobend oder kritisch äußern.

Sie werden mir erlauben, Madame', sagte unsere schöne Gefangene jetzt heftig errötend, ,daß ich Ihnen einen Teil der obszönen Einzelheiten vorenthalte, die im Laufe dieser ersten Zeremonie vor sich gingen. Ihre Phantasie mag sich selber ein Bild davon machen, was die Ausschweifung den Libertins in solch einem Fall eingibt. Sie mag sich vorstellen, wie sie — zwischen meinen Gefährtinnen und mir hin- und herwechselnd — vergleichen, zusammenrücken, gegenüberstellen und diskutieren; und damit gibt sie dann doch nur eine oberflächliche Vorstellung von dem, was sich bei diesen ersten Orgien ereignete, die noch harmlos waren im Vergleich zu all den Greueln, deren Opfer ich schon wenig später wurde.

„Los", sagte Raphael, dessen gewaltig erregte Begierden offenbar kaum noch zurückzuhalten waren. „Es wird Zeit, das Opfer darzubringen. Jeder soll sich rüsten, den von ihm bevorzugten Genuß an ihr zu nehmen." Und der unredliche Mann legte mich in jener Stellung auf ein Sofa, die seinen abscheulichen Gelüsten genehm war. Antoninus und Clemens mußten mich festhalten...

Raphael, Italiener, Mönch und Lüstling, befriedigt sich gewaltsam, ohne daß ich aufhöre, Jungfrau zu sein. O Gipfel der Verirrung! Es war, als mache jeder dieser wüsten Männer sich eine Ehre daraus, in der Wahl seiner nichtswürdigen Gelüste die Natur zu vergessen...

Clemens tritt vor. Er ist erregt von dem Schauspiel der Niederträchtigkeiten seines Priors, aber weit mehr noch von den Eindrücken, die er bei der anfänglichen Betrachtung gesammelt hat. Er erklärt mir, er werde mir nicht gefährlicher sein als sein Guardian. Der Ort, dem er seine Huldigung darbrächte, werde meine Tugend ebenfalls unangetastet lassen. Er heißt mich niederknien und preßt sich gegen mich, wobei seine ruchlosen Leidenschaften sich an einem Ort auswirken, daß mir die Macht genommen ist, während des Opfers über seine Ungehörigkeit zu klagen.

Es folgt Jeronimus. Sein Tempel ist derselbe wie der Raphaels. Aber er gelangte nicht bis zum Allerheiligsten. Er gab sich mit der Betrachtung des Vorhofes zufrieden und erregte sich an primitiven Episoden von unbeschreiblicher Obszönität. Zur Erfüllung seiner Gelüste kam er dann nur durch barbarische Mittel, denen ich bekanntlich bei Dubourg beinahe und in den Händen von Bressac vollständig zum Opfer gefallen war.

„Das sind glückliche Vorbereitungen", sagte Antoni=

nus, sich meiner bemächtigend. „Komm, Schätzchen, komm, damit ich dir Genugtuung gebe für die Un= gezogenheiten meiner Mitbrüder, damit ich endlich die schmeichelhaften Primizien ernte, die ihre Un= mäßigkeit mir überlassen hat..."

Aber im einzelnen... großer Gott... kann ich es Ihnen nicht beschreiben. Obgleich dieser Schurke — der allerausschweifendste von den vieren — den Be= stimmungen der Natur am nächsten stand, war es, als wäre er nicht bereit, sich ihr anzunähern und in seinem Kult weniger als die anderen von ihr abzu= weichen, sondern als wolle er sich für die scheinbar geringere Verderbtheit durch um so größere Gewalt= tätigkeit mir gegenüber entschädigen... Ach, wenn meine Gedanken zuweilen zu diesen Freuden abge= schweift waren, dann hatte ich sie mir keusch vor= gestellt; wie Gott, der sie inspiriert, hielt ich sie für naturgegeben, zur Tröstung des Menschen bestimmt und aus Liebe und Feingefühl geboren. Ich war weit davon entfernt zu glauben, der Mann könne, dem Beispiel wilder Tiere folgend, nur genießen, indem er seine Partnerin zittern machte. Aber ich mußte es erleben, und zwar in einem solch heftigen Maß, daß die Schmerzen bei der eigentlichen Zerstörung meiner Jungfräulichkeit noch die geringsten waren, die ich im Laufe dieser gefährlichen Attacke zu ertragen hatte. Doch als Antoninus im Augenblick seiner Krise mit wütenden Schreien und mit mörderischen Ab= schweifungen auf alle Teile meines Körpers, ja, schließlich mit Bissen endete, die schier den blutigen

Liebkosungen eines Tigers ähnlich waren, da hielt ich mich wirklich einen Augenblick lang für die Beute eines Raubtiers, das erst Ruhe geben würde, wenn es mich verschlungen hätte. Am Ende dieser Greuel fiel ich fast besinnungs= und regungslos auf den Altar zurück, auf dem man mich geopfert hatte.

Raphael befahl den Frauen, mich zu versorgen und mir Essen zu geben. Aber eine Welle wütenden Schmerzes überkam meine Seele in diesem grausamen Moment. Ich konnte die entsetzliche Vorstellung nicht ertragen, daß ich diesen Schatz der Jungfräulich= keit nun doch verloren hatte, für den ich hundertmal mein Leben geopfert hätte. Ich konnte es nicht fassen, daß mich ausgerechnet diejenigen geschändet hatten, von denen ich im Gegenteil die meiste Hilfe und mo= ralische Tröstung hätte erwarten dürfen. Meine Trä= nen strömten im Überfluß. Der Saal hallte von mei= nen Schreien wider. Ich wälzte mich auf dem Boden, raufte mir die Haare und bestürmte meine Henker, mir den Tod zu geben. Und obgleich die Schurken gegen derartige Szenen viel zu abgehärtet waren und sich lieber neuen Vergnügungen mit meinen Gefähr= tinnen hingaben, als meinen Schmerz zu besänftigen oder mir Trost zuzusprechen, war ihnen mein Ge= schrei doch lästig und sie verfügten, man solle mich an einen Ort bringen, von dem aus mein Wehklagen nicht mehr zu hören wäre und an dem ich mich aus= ruhen könne... Omphale wollte mich eben dorthin= geleiten, als der ruchlose Raphael mich abermals lüstern betrachtete und mich trotz meiner greulichen

Verfassung nicht fortlassen wollte, ohne daß ich noch einmal sein Opfer würde... Kaum war der Plan gefaßt, so führte er ihn schon aus... Da aber seine Begierde größerer Aufstachelung bedurfte, fand er erst nach Anwendung der schon von Jeronimus geübten grausamen Methoden die nötige Kraft, dieses erneute Verbrechen zu vollbringen... Welches Übermaß von Ausschweifung, großer Gott! Wie konnten diese Wüstlinge nur so roh sein, den Moment einer heftigen moralischen Krise, wie ich sie eben durchlebte, auszuwählen, um mich derart barbarischen physischen Leiden auszusetzen? „Oh, wahrhaftig!" sagte Antoninus und nahm mich ebenfalls von neuem, „nichts ist besser, als dem Beispiel eines Priors zu folgen, und nichts ist pikanter als ein Rückfall: Der Schmerz, heißt es, befähigt zur Lust. Ich bin davon überzeugt, daß dieses schöne Kind mich zum glücklichsten aller Männer macht."
Und trotz meines Sträubens, trotz meines Geschreis und Flehens werde ich noch einmal die unglückliche Zielscheibe der unverschämten Begierden dieses Elenden... Endlich entläßt man mich.
„Wenn ich nicht schon einiges vorweggenommen hätte, ehe diese schöne Prinzessin kam", sagte Clemens, „so würde sie wahrhaftig nicht davonkommen, ohne auch meinen Leidenschaften ein zweites Mal gedient zu haben. Aber es geht ihr nichts verloren, wenn ich sie warten lasse."
„Dasselbe verspreche auch ich ihr", sagte Jeronimus und ließ mich, als ich an ihm vorbeiging, die Kraft

seines Armes spüren. „Aber heute abend wollen wir alle schlafengehen."

Raphael war der gleichen Meinung und so wurden die Orgien abgebrochen. Er behielt Florette bei sich, die zweifellos die Nacht mit ihm verbrachte. Alle übrigen entfernten sich.

Ich war in Omphales Obhut.

Diese Sultanin, die älter war als die anderen, hatte offenbar die Schwestern zu betreuen. Sie führte mich in unser gemeinsames Gemach — eine Art von viereckigem Turm — dessen Ecken jeweils mit einem Bett für jede von uns vieren ausgestattet waren. Gewöhnlich folgte einer der Mönche den Mädchen, nachdem sie sich zurückgezogen hatten, und schloß die Tür drei= oder viermal hinter ihnen ab. Es war Clemens, der diese Aufgabe übernommen hatte.

War man einmal hier drinnen, so gab es keine Möglichkeit mehr, zu entweichen. Die Kammer hatte nur noch eine weitere Tür zu einem angrenzenden Kabinett, das zur Verrichtung unserer Notdurft und zum Waschen eingerichtet war. Auch dort waren die Fenster vergittert wie die des Zimmers, in dem wir schliefen. Übrigens fehlte jede Art von Mobiliar. Nur ein Stuhl war vorhanden und ein Tisch neben dem Bett, das von einem ekelhaften Kattunvorhang um= zogen war; ferner standen in dem Kabinett einige Holztruhen, dazu mehrere Stühle ohne Boden, Bidets und ein Toilettentisch für alle gemeinsam. Das aber nahm ich erst am nächsten Morgen wahr. In diesem ersten Augenblick war ich viel zu niedergeschlagen, als daß ich etwas hätte sehen können. Ich war ganz von meinem Schmerz besessen.

„Oh, gerechter Himmel", sagte ich mir. „Es steht also fest, daß mein Herz keinen einzigen Akt der Tugend vollbringen kann, ohne daß derselbe Leid nach sich zieht! Großer Gott! Was ist denn Böses daran, daß ich in diesem Haus eine fromme Pflicht zu erfüllen begehrte? Beleidigte ich etwa den Himmel, indem ich diesem Wunsch nachgab? War das der Lohn, den ich davon zu erwarten hatte? Oh, unbegreifliche Ratschlüsse der Vorsehung, seid doch so gütig und offenbart euch für einen Augenblick, wenn ihr verhindern wollt, daß ich gegen eure Gesetze aufbegehre!"

Bittere Tränen folgten diesen Betrachtungen, und als Omphale im Morgengrauen an mein Bett trat, war ich noch immer von Tränen überströmt.

„Liebe Gefährtin", sagte sie. „Ich möchte dich ermahnen, Mut zu fassen. In den ersten Tagen habe ich geweint wie du, aber jetzt ist alles zur Gewohnheit geworden und es wird dir so ergehen wie mir. Im ersten Augenblick ist es grauenhaft. Nicht so sehr der Zwang, die zügellosen Begierden dieser Wüstlinge immer und ewig befriedigen zu müssen, ist das, was unser Leben zur Qual macht, sondern vielmehr der Verlust unserer Freiheit und die brutale Behandlung, die wir in diesem niederträchtigen Haus erfahren... Den Elenden ist es eine Genugtuung, andere in ihrer Umgebung leiden zu sehen."

So brennend auch mein Schmerz war, ich beschwich=

tigte ihn für einen Moment und bat meine Gefährtin, mich wissen zu lassen, welche Leiden ich zu erwarten habe.

„Hör zu", sagte Omphale und setzte sich neben mein Bett, „ich spreche im Vertrauen zu dir, aber du darfst es niemals mißbrauchen... Das grausamste an unserem Leid, meine liebe Freundin, ist die Ungewißheit über unser Schicksal; es läßt sich nicht voraussagen, was aus einem werden wird, wenn man diesen Ort verläßt. Wir haben ziemlich viele Beweise — soweit wir sie in unserer Isoliertheit zu sammeln vermochten — die dafür sprechen, daß die von den Mönchen entlassenen Mädchen nirgends auf der Welt mehr auftauchen. Die Mönche selber warnen uns. Sie verbergen uns nicht, daß dieses Versteck unser Grab ist. Es vergeht kein Jahr, ohne daß zwei oder drei von hier verschwinden. Was wird also aus ihnen? Entledigt man sich ihrer? Manchmal sagen sie uns: ja! Ein andermal versichern sie uns: nein! Aber keine von unseren Gefährtinnen, die fortgekommen sind, hat trotz aller Versprechungen gegen das Kloster Klage geführt oder sich für unsere Freilassung eingesetzt. Keine von ihnen hat jemals Wort gehalten, sage ich. Schlagen die Mönche die Beschwerden nieder oder setzen sie die Mädchen außerstande, überhaupt Klage zu erheben? Wenn wir Neuankömmlinge nach Nachrichten von den alten fragen, so haben sie nie etwas von ihnen gehört.

Was wird also aus diesen Unglücklichen? Das ist es, was uns peinigt, Sophie. Das ist die verhängnisvolle

Ungewißheit, die unser unglückliches Leben hier zur wahren Qual macht. Seit vierzehn Jahren bin ich in diesem Haus und ich habe mehr als fünfzig Mädchen weggehen sehen... Wo sind sie? Alle haben uns Hilfe versprochen. Warum hat keine einzige ihr Wort gehalten? Unsere Zahl ist auf vier festgelegt. Jedenfalls in dieser Kammer. Wir alle sind felsenfest davon überzeugt, daß es noch einen anderen Turm gibt, der diesem hier entspricht, und in dem sie die gleiche Anzahl von Mädchen untergebracht haben. Vieles an ihrem Verhalten, vieles an ihren Bemerkungen hat uns davon überzeugt. Aber wir haben diese Gefährtinnen, sofern es sie überhaupt gibt, noch nie gesehen. Die Tatsache, daß wir nie zwei Tage hintereinander dienen, scheint uns der größte Beweis zu sein. Gestern sind wir gebraucht worden, heute ruhen wir uns aus. Aber gewiß üben diese Wüstlinge keinen Tag Enthaltung. Unsere Entlassung wird im übrigen durch nichts begründet. Weder das Alter noch die Veränderung der Gesichtszüge, noch Langeweile oder Widerwillen sind dafür ausschlaggebend, sondern allein ihre Laune bestimmt sie, uns den verhängnisvollen Abschied zu geben, von dem wir nicht wissen, inwieweit er uns Nutzen bringt.

Ich habe hier eine Frau von siebzig Jahren erlebt. Sie ist erst im vergangenen Sommer weggekommen. Sechzig Jahre hat sie hier zugebracht. Und während man diese eine behielt, habe ich zwölf ausscheiden sehen, die noch keine sechzehn waren. Ich habe erlebt, daß welche schon drei Tage nach ihrer Ankunft wieder verschwanden, andere nach einem Monat oder auch erst nach mehreren Jahren. Es gibt keine fest= stehenden Regeln dafür. Ihr Wille — oder vielmehr ihre Laune — ist der einzige Maßstab. Auch das Ver= halten spielt keine Rolle. Ich habe Mädchen ihren Wünschen zuvorkommen sehen, die dennoch nach sechs Wochen abgingen. Andere, Mürrische und Eigensinnige, haben sie viele Jahre behalten. Es ist also nutzlos, einer Neuen irgendwelche Verhaltens= maßregeln zu erteilen. Ihre Phantasie sprengt alle Gesetze; die Regeln sind ohne Gewähr.

Was die Mönche betrifft, so wechseln sie kaum. Raphael ist seit fünfzehn Jahren hier, Clemens seit sechzehn, Jeronimus seit dreißig und Antoninus seit zehn Jahren. Er ist der einzige, dessen Ankunft ich miterlebt habe. Er trat an die Stelle eines sechzig= jährigen Mönchs, der in einem Exzeß vor Ausschwei= fung umkam... Raphael, ein Florentiner von Geburt, ist ein naher Verwandter des Papstes, zu dem er in einem sehr guten Verhältnis steht. Erst seit seinem Hiersein sichert die wundertätige Jungfrau den Ruf des Klosters und hindert böse Zungen daran, sich mit den Vorgängen hier eingehender zu beschäftigen. Aber wie du siehst, gab es das Haus schon vor seinem Kommen. Es soll schon seit achtzig Jahren in dieser Form bestehen und alle Guardiane, die hierher= gekommen sind, sollen die ihren Gelüsten so dien= liche Ordnung aufrechterhalten haben. Raphael, einer der ausschweifendsten Mönche des Jahrhunderts, hat sich nur deshalb hierher versetzen lassen, weil er das

Haus kannte; und es ist seine Absicht, sich diese geheimen Privilegien solange wie nur möglich zu erhalten.

Wir gehören zur Diözese Auxerre. Ob der Bischof eingeweiht ist oder nicht — jedenfalls haben wir ihn noch nie zu Gesicht bekommen. Im allgemeinen wird das Kloster kaum besucht. Keine zehn Leute kommen das ganze Jahr über her, abgesehen von der Zeit, in der das Fest gefeiert wird; das ist Ende August. Wenn immer sich irgendwelche Fremde einfinden, ist der Guardian darauf bedacht, sie gut zu empfangen und sie durch eine Unzahl von scheinbar strengen Religionsübungen zu beeindrucken. Sie kehren befriedigt heim und lobpreisen das Haus, und die Schurken hier gehen ob der Gutgläubigkeit des Volkes und der Harmlosigkeit der Gläubigen straflos aus. Übrigens gibt es nichts Strengeres als die Vorschriften, nach denen wir uns richten müssen, und nichts ist so gefährlich für uns, als sie in irgendeiner Hinsicht zu übertreten. Diesen Punkt muß ich dir unbedingt näher erläutern", fuhr meine Lehrmeisterin fort, „denn es gilt hier nicht als Entschuldigung, zu sagen: ‚Bestraft mich nicht wegen der Verletzung dieses Gesetzes, ich kannte es nicht!' Man muß sich entweder von seinen Gefährtinnen einweihen lassen oder alles selber erraten. Du wirst vor nichts gewarnt, aber für alles bestraft. Es ist nur eine Art von Züchtigung erlaubt, nämlich das Peitschen. Es liegt auf der Hand, daß diese Bösewichte eine ihrem Vergnügen dienende Sache zu ihrer bevorzugten Straf=

methode erhoben haben. Du hast sie gestern zu spüren bekommen, ohne einen Fehltritt begangen zu haben. Bald wirst du sie auch erleiden, weil du einen Fehler gemacht hast. Alle vier sind in diese barbarische Manie vernarrt und treten abwechselnd als Strafvollzieher auf. Jeden Tag wird ein anderer zum Regenten des Tages ernannt. Er nimmt die Rapporte der Zimmerältesten entgegen. Er hat die Aufsicht über alle Vorgänge während des Abendessens, an dem wir teilnehmen. Er wägt die Vergehen ab und übernimmt selbst die Bestrafung. Wir wollen jeden einzelnen Artikel durchgehen:

Um neun Uhr morgens müssen wir stets aufgestanden und angezogen sein. Um zehn Uhr bringt man uns Brot und Wasser als Frühstück. Um zwei Uhr wird das Mittagessen serviert. Es besteht aus einer recht guten Suppe, einem Stück gekochten Rindfleisch, einer Gemüseplatte und zuweilen einigen Früchten sowie aus einer Flasche Wein für alle vier gemeinsam. Regelmäßig jeden Tag, sommers und winters, kommt der Regent um fünf Uhr abends und besucht uns. Bei dieser Gelegenheit nimmt er den Bericht der Ältesten entgegen. Sie kann Klagen hinsichtlich des Betragens der anderen Mädchen auf dem Zimmer vorbringen. Er will wissen, ob keine verdrießlichen und aufbegehrenden Worte gefallen sind, ob alle zur vorgeschriebenen Stunde aufgestanden sind, ob die Haar= und Körperpflege sorgfältig durchgeführt wurde, ob alle anständig gegessen haben und ob keine Fluchtpläne geschmiedet worden sind. Über all

diese Dinge muß genau Rechenschaft abgelegt wer=
den, und wenn wir dies unterlassen, droht uns selbst
eine Strafe.

Danach begibt sich der Regent des Tages in unser
Kabinett und besichtigt verschiedene Dinge. Wenn
er sein Werk getan hat, entfernt er sich nur selten,
ohne sich an einer von uns — oder oft an allen vieren
— ergötzt zu haben. Wenn es nicht der Tag ist, an dem
wir zum Abendessen unten erscheinen müssen, bleibt
es uns nach dieser Visite überlassen, zu lesen oder
zu plaudern, uns untereinander zu zerstreuen oder
zu beliebiger Zeit schlafen zu gehen. Wenn wir aber
mit den Mönchen zu Abend speisen müssen, so läutet
eine Glocke zum Zeichen, daß wir uns bereithalten
sollen. Der Regent des Tages holt uns ab und wir
steigen in den Saal hinab, in dem du uns zum ersten=
mal gesehen hast; dort werden zuallererst die seit
unserem letzten Beisammensein begangenen Ver=
gehen aus einem Heft verlesen. Zuerst die Verfeh=
lungen während des letzten Abendessens, entweder
Nachlässigkeiten oder ein Erkalten unserer Aufmerk=
samkeit, während wir den Mönchen dienten, Mangel
an Zuvorkommenheit, Unterwürfigkeit oder Sauber=
keit. Darauf folgt die Liste der Unarten, die dem
Bericht der Ältesten zufolge in den vergangenen zwei
Tagen auf dem Zimmer vorgekommen sind. Die De=
linquentinnen stellen sich nacheinander in der Mitte
des Saales auf. Der Regent des Tages nennt ihre
Vergehen und wägt sie ab. Dann werden sie von der
Ältesten — oder wenn sie selber die Schuldige ist,

von ihrer Vertreterin — entkleidet, und der Regent erteilt ihnen die zuerkannte Strafe auf so energische Weise, daß sie sich unschwer jederzeit daran erinnern. Die Schurken sind derartig raffiniert, daß fast nie ein Tag ohne irgendwelche Exekutionen vergeht.
Ist dies Werk getan, so beginnen die Orgien. Sie im einzelnen zu beschreiben ist unmöglich. Können so bizarre Launen denn auch geregelt sein? Es kommt hauptsächlich darauf an, nichts zu verweigern, sondern allem zuvorzukommen. Und selbst dann kann man sich, so gut dieser Trick auch sein mag, nicht unbedingt in Sicherheit wiegen. Während der Orgien wird gespeist. Zu dieser Mahlzeit sind wir zugelassen. Sie ist immer erheblich delikater und üppiger als unser gewöhnliches Essen. Wenn unsere Mönche halb betrunken sind, setzt sich das Bacchanal fort. Um Mitternacht trennen sie sich. Es bleibt dann jedem überlassen, eine von uns die Nacht über bei sich zu behalten. Diese Favoritin schläft mit dem, der sie erwählt hat, in der Zelle und kehrt am nächsten Morgen zu uns zurück. Die anderen gehen in die Kammer und finden dort das Zimmer gesäubert und die Betten und die Kleidung hergerichtet. Morgens nach dem Aufstehen — aber vor dem Frühstück — passiert es zuweilen, daß ein Mönch eine von uns in seine Zelle ruft. Dann holt uns der Laienbruder, der uns versorgt und führt uns zu dem Mönch, der nach uns verlangt. Sobald dieser uns nicht mehr braucht, bringt er uns entweder selbst zurück, oder er läßt uns von dem Laienbruder zurück aufs Zimmer geleiten.

Der Cerberus, der unser Zimmer reinigt und uns zuweilen begleitet, ist ein alter Laienbruder. Du wirst ihn bald zu sehen bekommen. Er ist siebzig Jahre alt, einäugig, hinkend und stumm. Zur Erledigung sämtlicher Hausarbeiten hat er noch drei andere Knechte als Hilfe: einen zum Essenkochen, einen, der die Zellen der Patres besorgt, überall fegt und auch in der Küche hilft, und den Pförtner, den du anfangs gesehen hast. Von diesen Laienbrüdern bekommen wir nur den einen zu sehen, der uns bedient, und es wäre eines der schlimmsten Verbrechen, wenn wir auch nur ein einziges Wort an ihn richteten. Zuweilen kommt der Guardian, uns zu besuchen. Es finden dann bestimmte Zeremonien statt, die du in der Praxis kennenlernen wirst und deren Nichtbeachtung verbrecherisch wäre. Denn die aus dem Vergnügen am Bestrafen heraus entstandene Sucht, Verbrechen aufzudecken, veranlaßt die Mönche, die Zahl der Vergehen täglich zu erhöhen. Selten kommt Raphael zu Besuch, ohne eine bestimmte Absicht zu haben, und diese Absichten sind immer grausam oder abartig, wie du dich schon selber überzeugen konntest. Im übrigen bleiben wir stets aufs peinlichste eingesperrt. Das ganze Jahr hindurch bietet sich keine Gelegenheit, frische Luft zu schöpfen, obgleich ein recht großer Garten zur Verfügung steht. Aber er ist nicht eingezäunt, und man fürchtet, daß wir entkommen könnten. Das wäre um so gefährlicher, als hier bald Ordnung geschaffen würde, wenn man die weltliche oder geistliche Justiz von all den verbrecherischen

Vorgängen unterrichtete. Nie kommen wir religiösen Pflichten nach. Es ist uns auch untersagt, daran zu denken oder darüber zu reden. Dergleichen Worte gehören zu den Klagen, die mehr Strafe verdienen als alles andere.

Das ist alles, was ich dir sagen kann, meine liebe Gefährtin", fügte unsere Älteste hinzu. „Die Erfahrung wird dich das übrige lehren. Fasse Mut, wenn es dir möglich ist, aber entsage für immer der Welt. Denn es gibt kein Beispiel dafür, daß je ein Mädchen nach Verlassen dieses Hauses die Welt wiedergesehen hätte."

Dieser letzte Punkt beunruhigte mich entsetzlich und ich fragte Omphale nach ihrer ehrlichen Ansicht über das Schicksal der entlassenen Mädchen.

„Was soll ich dir darauf antworten?" sagte sie. „Immer wieder verwischt die Hoffnung meine unseligen Mutmaßungen. Alles beweist mir, daß ihnen ein Grab als Bleibe dient; aber im gleichen Augenblick kommen mir schon wieder tausenderlei Gedanken, die nichts weiter sind als Kinder der Hoffnung, und die meine allzu verhängnisvolle Überzeugung verdrängen.

Man wird erst am Morgen selbst davon in Kenntnis gesetzt", fuhr Omphale fort, „daß die Entlassung beschlossene Sache ist. Der Regent des Tages kommt vor dem Frühstück und sagt — nehmen wir das einmal an: ‚Omphale, packen Sie Ihre Sachen. Das Kloster entläßt Sie. Ich werde Sie bei Einbruch der Nacht abholen', dann geht er. Die Entlassene umarmt ihre

Gefährtinnen; sie verspricht ihnen tausend und aber tausendmal, ihnen zu helfen, Klage zu führen und die Geschehnisse hier unter die Leute zu bringen. Die Stunde kommt. Der Mönch erscheint, das Mädchen geht und man hört nie wieder etwas von ihr. Wenn es aber der Tag des gemeinsamen Abendessens ist, so findet dasselbe wie gewöhnlich statt. Das einzig Auffallende ist dann, daß die Mönche sich viel weniger verausgaben, daß sie mehr trinken, daß sie uns früher entlassen und daß keine von uns bei ihnen schläft."

„Liebe Freundin", sagte ich, der Ältesten für ihre Auskünfte dankend, „vielleicht hattet ihr bislang nur mit Kindern zu tun, die nicht genügend Kraft besaßen, ihr Ehrenwort zu halten ... Willst du, daß wir uns ein gegenseitiges Versprechen geben? Ich fange an und schwöre dir bei allem, was mir auf Erden heilig ist, daß ich entweder sterbe oder diesen Niederträchtigkeiten ein Ende mache. Versprichst du mir deinerseits dasselbe?"

„Gewiß", erwiderte Omphale, „aber laß dich von der Nutzlosigkeit solcher Versprechen überzeugen. Weit ältere Mädchen als du, die vielleicht — wenn das möglich ist — noch entrüsteter waren, die von den vornehmsten Familien dieser Provinz abstammten und deshalb stärkere Waffen hatten als du, kurzum, Mädchen, die ihr Blut für mich vergossen hätten, sogar sie haben ihren Schwur nicht gehalten. Gestatte also, daß ich infolge meiner grausamen Erfahrungen nicht allzusehr auf unseren Eid baue."

Sodann plauderten wir über die Eigenschaften der Mönche und die unserer Gefährtinnen.

„In ganz Europa gibt es keine gefährlicheren Menschen als Raphael und Antoninus", sagt Omphale. „Falschheit, Verruchtheit, Boshaftigkeit, Spottlust, Grausamkeit und Unglaube sind die Grundzüge ihres Charakters, und in ihren Augen blitzt die Freude nur auf, wenn sie sich diesen Lastern gänzlich hingegeben haben. Clemens, der zwar der unberechenbarste zu sein scheint, ist der Beste von allen. Nur im betrunkenen Zustand ist er gefährlich. Dann muß man acht darauf geben, ihn nicht zu vernachlässigen, sonst kann es einem sehr übel ergehen. Was Jeronimus betrifft, so ist er von Natur aus brutal. Ohrfeigen, Fußtritte und Faustschläge sind bei ihm unausbleiblich, wenn aber seine Leidenschaft verloschen ist, wird er sanft wie ein Lamm. Das ist der entscheidende Unterschied zwischen ihm und den beiden ersten, die erst durch Verrätereien und Grausamkeiten animiert werden.

Zu den Mädchen ist wenig zu sagen", fuhr der Älteste fort. „Florette ist ein recht geistloses Kind. Sie läßt alles mit sich machen, was man will. Cornelia hat viel Gemüt und Sensibilität. Sie kann sich mit ihrem Schicksal nicht abfinden."

Nach diesen Hinweisen fragte ich meine Gefährtin, ob es nicht doch möglich sei, sich über die Existenz oder Nichtexistenz eines weiteren, andere Unglückliche unserer Art bergenden Turms Gewißheit zu verschaffen.

„Wenn es ihn gibt, wie ich fast sicher annehme", sagte Omphale, „so könnte man das nur durch die Indiskretion der Mönche oder durch den stummen Bruder erfahren, der sicherlich auch sie zu versorgen hat. Aber solche Erkundigungen wären sehr gefährlich. Was nützt es uns denn zu wissen, ob wir die einzigen sind oder nicht, da wir uns doch nicht gegenseitig helfen können? Wenn du mich jetzt fragst, welchen Beweis ich für die Wahrscheinlichkeit meiner Vermutungen habe, so werde ich dir sagen, daß einige unachtsam hingeworfene Worte ihrerseits uns hinreichend überzeugen konnten. Und einmal, als ich morgens nach einer gemeinsamen Nacht mit Raphael über seine Türschwelle trat und er mir folgte, um mich zurückzugeleiten, sah ich im gleichen Augenblick, ohne daß Raphael etwas davon merkte, den stummen Bruder bei Antoninus eintreten, und zwar in Begleitung eines sehr hübschen siebzehn= oder achtzehnjährigen Mädchens, das ganz bestimmt nicht aus unserem Zimmer war. Als der Bruder sich beobachtet sah, stieß er die Person rasch in Antoninus' Zelle. Aber ich hatte sie schon gesehen. Er führte keine Beschwerde, sondern ließ die Sache auf sich beruhen. Ich hätte vielleicht einiges riskiert, wenn dieser Zwischenfall bekanntgeworden wäre. Es ist also sicher, daß außer uns noch andere Frauen hier sind, und da wir nur ein über den anderen Tag mit den Mönchen soupieren, werden jene Mädchen jeweils den anderen Abend dort essen, und höchstwahrscheinlich werden sie in gleicher Zahl sein wie wir."

Kaum hatte Omphale zu Ende geredet, als Florette von Raphael zurückkehrte, bei dem sie die Nacht verbracht hatte. Da es den Mädchen aber ausdrück= lich verboten war, sich gegenseitig zu erzählen, was sie erlebt hatten, wünschte sie uns, weil sie uns wach sah, nur einen guten Morgen und warf sich erschöpft auf ihr Bett. Sie blieb bis neun Uhr — der allgemeinen Aufstehzeit — liegen. Die zärtliche Cornelia kam zu mir; sie betrachtete mich weinend... und sagte: „Oh, liebes Fräulein, was sind wir für unglückliche Geschöpfe!"
Das Frühstück wurde aufgetragen, meine Gefährtin= nen zwangen mich, eine Kleinigkeit zu essen, und ihnen zu Gefallen tat ich es. Der Tag verging ziem= lich ungestört. Um fünf Uhr trat, wie von Omphale angekündigt, der Regent des Tages ein. Es war An= toninus. Er fragte mich lachend, wie mir das Aben= teuer bekomme; und da ich nur wortlos die tränen= überströmten Augen senkte, sagte er spöttisch:
„Sie wird sich schon machen, sie wird sich schon machen. Es gibt kein Haus, in dem man die Mädchen besser erzieht als hier."
Er machte seine Visite, nahm die Liste der Vergehen aus den Händen der Ältesten entgegen, die viel zu gutmütig war, größere Eintragungen zu machen, und die häufig auch sagte, sie habe nichts zu melden. Ehe er uns verließ, trat Antoninus auf mich zu... Ich zitterte. Ich dachte, ich würde jetzt wieder das Opfer dieses Ungeheuers werden. Aber das konnte ja ohne= hin jeden Augenblick geschehen. War es dann nicht

gleichgültig, ob es sich jetzt oder morgen ereignete? Ich kam jedoch mit einigen brutalen Liebkosungen davon. Dann warf er sich auf Cornelia und befahl uns allen, wie wir da standen, seinen Leidenschaften zu dienen, während er am Werk sei. Von Sinnenlust berauscht läßt sich der Wüstling nichts entgehen, und er beendet sein Werk an dieser Unglücklichen, wie er es am Vorabend bei mir getan hatte, das heißt: mit Handlungen von durchdachtester Brutalität und Verderbtheit.

Diese Art von Gruppierung wurde sehr häufig ver= langt. Wenn ein Mönch sich an einer der Schwestern ergötzte, so mußten ihn die drei anderen fast regel= mäßig umstellen, um seine sinnlichen Begierden all= seitig zu entflammen, auf das die Wollust von allen Organen aus gleichzeitig in ihn eindringen könne. Ich berichte hier nur ein einziges Mal über diese un= züchtigen Einzelheiten und habe die Absicht, nie wie= der darauf zurückzukommen. Denn ich möchte mich nicht weiter bei der Unanständigkeit dieser Szenen aufhalten. Wenn ich eine derselben beschreibe, so ist das soviel, als wenn ich alle schilderte. Es ist mein Plan, Ihnen nur von den wesentlichen Ereignissen während meines langen Aufenthaltes in jenem Haus zu erzählen und Sie nicht länger mit Einzelheiten zu erschrecken. Da wir heute mit dem Abendessen nicht an der Reihe waren, blieben wir ziemlich ungestört. Meine Gefährtinnen trösteten mich, so gut sie es konnten. Aber Schmerzen von der Art, wie ich sie empfand, sind durch nichts zu mildern. Vergeblich mühten sie sich ab. Je mehr sie von meinem Leid sprachen, desto unerträglicher kam es mir vor.

Am folgenden Tag um neun Uhr besuchte der Guardian mich, obgleich er keinen Dienst hatte. Er fragte Omphale, ob ich mich allmählich in mein Los schicke, und ohne weiter auf die Antwort zu hören, öffnete er eine der Truhen in unserem Kabinett und zog allerlei Frauengewänder hervor:

„Da Sie nichts bei sich haben", sagte er zu mir gewendet, „müssen wir Sie wohl oder übel einkleiden, allerdings mehr um unseret= als um Ihretwillen. Es bedarf also keiner Dankbarkeit. Ich selbst lege keinen Wert auf diese sinnlosen Kleider. Ich fände es nicht weiter hinderlich, wenn wir die Mädchen, die uns bedienen, nackt wie die Tiere herumlaufen ließen. Aber unsere Patres sind Männer von Welt, die Luxus und Zierat begehren; also muß man sie zufriedenstellen."

Er warf einige Negligés, ein halbes Dutzend Hemden, mehrere Häubchen, Strümpfe und Schuhe aufs Bett und hieß mich die Sachen anprobieren. Während ich mich umkleidete, schaute er zu und ließ keine Gelegenheit zu unzüchtigen Berührungen vorübergehen. Es fanden sich drei Taffetnegligés und eines aus indischem Tuch, die mir paßten. Ich durfte sie behalten, und auch das übrige sollte ich mir herrichten, dabei aber nicht vergessen, daß alles dem Haus gehörte und ich die Sachen bei meiner Entlassung zurückgeben müsse, sofern sie bis dahin nicht aufgetragen seien.

Während dieser Anstalten hatte er einige Ansichten vor Augen bekommen, die ihn erhitzten. Er befahl mir, mich von selbst in die Stellung zu begeben, von der ich wußte, daß sie ihm zusagte... Ich wollte ihn um Gnade bitten. Aber schon sah ich Wut und Zorn in seinen Augen aufsteigen; da hielt ich es für das Beste, die Sache schnell hinter mich zu bringen. Ich placierte mich... Umringt von den drei anderen Mädchen befriedigte sich der Libertin wie gewöhnlich auf Kosten der guten Sitte, der Religion und der Natur. Ich hatte ihn entflammt. Während des Abend= essens feierte er mich ausgiebig und ich wurde dazu bestimmt, die Nacht mit ihm zu verbringen. Meine Gefährtinnen zogen sich zurück und ich ging in sein Gemach.

Ich will nicht mehr von meinem Widerwillen und von meinen Schmerzen sprechen, Madame. Zweifellos können Sie sich selber ausmalen, wie übergroß sie waren, und ihre eintönige Schilderung würde viel= leicht dem, was mir noch zu berichten bleibt, abträg= lich sein. Raphael hatte eine reizende Zelle; sie war üppig und geschmackvoll möbliert. Nichts fehlte, was diese Solitude so behaglich wie sinnenfreudig zu ge= stalten vermochte. Nachdem wir eingeschlossen wa= ren und Raphael sich nackt ausgezogen und mich aufgefordert hatte, seinem Beispiel zu folgen, ließ er sich erst einmal eine ganze Weile sinnlich erregen, und zwar durch die gleichen Mittel, an denen er sich dann, selber aktiv werdend, entzündete. Ich darf sagen, daß ich an jenem Abend die Libertinage in allen Richtungen durchlaufen habe wie das in diesen unzüchtigen Übungen gewandteste Mädchen der Welt. Nachdem ich Mätresse war, wurde ich alsbald wieder zum Schulmädchen, dann mußte ich dasselbe tun, was man mir antat. Ich wurde jedoch nicht um Nachsicht gebeten, während ich selbst schon allzubald soweit war, weinend um Gnade zu flehen. Aber man machte sich über meine Bitten lustig und traf die barbarischsten Vorkehrungen gegen meine abwehrenden Bewegungen. Als man sich endlich gänzlich Herr über mich sah, wurde ich zwei Stunden lang mit beispielloser Härte traktiert. Man hielt sich nicht nur an die dafür bestimmten Partien. Alles kam ohne Unterschied an die Reihe. Die entgegengesetztesten Stellen, selbst die zartesten Wölbungen, nichts entging der Wut meines Henkers, dessen sinnliche Wallungen sich dem Rhythmus meiner Schmerzensäußerungen anpaßten, die seine Augen sorgfältig registrierten.

„Legen wir uns nieder", sagte er schließlich zu mir. „Es ist vielleicht zuviel für dich — für mich aber entschieden nicht genug; dieser heiligen Übung wird man nie überdrüssig, und dabei ist das alles nur ein Abbild dessen, was man wirklich tun möchte."

Wir legten uns zu Bett, und so ausschweifend Raphael war, so verderbt war er auch. Die ganze Nacht machte er mich zur Sklavin seiner kriminellen Gelüste. In einem Moment, in dem er von seinen Ausschweifungen auszuruhen schien, ergriff ich die Gelegenheit und bat ihn flehentlich, mir zu sagen, ob

Hoffnung bestünde, daß ich dieses Haus jemals verlassen werde:
"Gewiß", erwiderte Raphael, "nur deshalb bist du hier eingetreten. Wenn wir alle vier übereingekommen sind, dir den Abschied zu geben, so wirst du ihn auch ganz gewiß erhalten."
"Aber fürchten Sie denn nicht", sagte ich mit der Absicht, etwas aus ihm herauszulocken, "fürchten Sie nicht, daß Mädchen, die jünger und weniger diskret sind, als ich es Ihnen mein Lebtag zu sein schwöre, daß diese Mädchen vielleicht aufdecken, was bei Ihnen vor sich geht?"
"Das ist unmöglich", sagte der Guardian.
"Unmöglich?"
"O ja, selbstverständlich."
"Könnten Sie mir das erklären..."
"Nein, das ist unser Geheimnis. Ich kann dir nur eines sagen: Ob du diskret bist oder nicht, wenn du herauskommst, wird es dir unmöglich sein, etwas von den Vorgängen hier drinnen auszuplaudern."
Nach diesen Worten befahl er mir brutal, das Thema zu wechseln, und ich wagte nicht mehr zu antworten. Um sieben Uhr morgens ließ er mich durch den Bruder in die Kammer zurückbringen. Seine Bemerkungen und das, was ich von Omphale gehört hatte, ließen mir leider keinen Zweifel mehr, daß mit Sicherheit die gewalttätigsten Maßnahmen gegen jene Mädchen ergriffen wurden, die das Haus verließen; daß sie insofern nicht mehr reden konnten, als man sie einsargte und ihnen somit jede Möglichkeit dazu

nahm. Lange Zeit schauderte es mich bei dieser grauenhaften Vorstellung. Aber schließlich gelang es mir doch, sie durch Hoffnung zu zerstreuen, und ich betäubte meinen Schmerz, wie es meine Gefährtinnen taten.

Nach einer Woche hatte ich die Runde gemacht, wobei ich die widerwärtige Gelegenheit hatte, mich von den verschiedensten Methoden der Ausschweifung und den zahlreichen Schändlichkeiten zu überzeugen, die jeder der Mönche, eine nach der anderen, verübte. Wie bei Raphael, so entzündete sich auch bei allen anderen die Fackel der Ausschweifung erst an den Auswüchsen der Grausamkeit. Nur wenn sie Grausamkeit übten, wurden sie vom Sinnenrausch belohnt; es war, als wenn dieses den verderbten Herzen eigentümliche Laster erst den Anstoß zu allen übrigen Untaten geben müsse.

Antoninus war derjenige, von dem ich am meisten zu erleiden hatte. Es ist unvorstellbar, bis zu welchem Punkt dieser Wüstling die Grausamkeit im Rausch seiner Verirrungen trieb. Immer ward er von höllischen Ausschweifungen gelenkt; sie allein befähigten ihn zum Genuß; sie befeuerten ihn, während er die Lust auskostete; und wenn diese das letzte Stadium erreicht hatte, sorgten nur sie allein für deren höchste Vollendung. Es verwunderte mich nur, daß die von ihm angewandten Methoden bei aller Rücksichtslosigkeit nicht zur Folge hatten, daß eines seiner Opfer schwanger wurde, und ich fragte unsere Älteste, wie er das verhindern mochte.

„Indem er selbst sogleich die durch seine Glut ge= zeugte Frucht zerstört", sagte Omphale. „Sobald er merkt, daß sich etwas entwickelt, gibt er uns drei Tage hintereinander sechs große Gläser irgendeines Tees zu trinken, und am vierten Tag ist jegliche Spur seiner Unmäßigkeit getilgt. Cornelia ist das einmal passiert, und mir sogar dreimal. Aber auf unsere Gesundheit hat es sich nicht nachteilig ausgewirkt; im Gegenteil, man scheint sich nachher viel besser zu fühlen."
„Wie du siehst, ist er übrigens der einzige", fuhr meine Gefährtin fort, „bei dem diese Gefahr besteht. Bei allen anderen haben wir infolge der Widernatür= lichkeit ihrer Begierden nicht das geringste zu fürch= ten."
Dann fragte mich Omphale, ob ich nicht auch fände, daß Clemens der erträglichste von allen sei? „Ach", erwiderte ich, „bei all den Greueln und Schmutzig= keiten, die einen so sehr anekeln wie empören, fällt es mir schwer zu sagen, wer von den vieren mich am wenigstens erschöpft. Ich bin aller überdrüssig und ich wünschte, ich wäre schon draußen, ganz gleich, welches Schicksal mich erwartet."
„Es könnte sehr wohl sein, daß dein Wunsch bald befriedigt wird", fuhr Omphale fort, „du bist nur aus Zufall hierhergekommen. Man hat keineswegs mit dir gerechnet. Acht Tage vor deinem Eintritt wurde eine Entlassung vorgenommen, und das macht man nur, wenn schon ein Ersatz in Aussicht ist. Die Aushebungen werden nicht immer von ihnen selbst

durchgeführt. Sie haben gutbezahlte Agenten, die ihnen mit Begeisterung dienen. Ich bin fast sicher, daß in Bälde eine Neue eintrifft, und dann könnte sich dein Wunsch erfüllen. Übrigens steht das Fest bevor. Selten gehen diese Tage vorüber, ohne ihnen irgend etwas einzubringen. Entweder verführen sie einige Mädchen anläßlich der Beichte, oder sie sperren eines ein. Jedenfalls geht diese Gelegenheit selten vorüber, ohne daß ein Hühnchen gerupft wird."

Endlich war es da, das berühmte Fest. Können Sie sich vorstellen, Madame, zu was für einer ungeheuer= lichen Gottlosigkeit die Mönche sich bei dieser Ge= legenheit hinreißen ließen? Sie fanden, ein sichtbares Wunder würde den Glanz ihres Ansehens verdop= peln, und so bekleideten sie Florette, die Kleinste und Jüngste von uns, mit den Gewändern und dem Schmuck der Jungfrau. Sie banden sie mit Seilen fest, die ihr unsichtbar um den Leib gelegt wurden, und befahlen ihr, die Arme reuevoll gen Himmel zu er= heben, wenn die Hostie emporgehalten würde. Da dem unglücklichen kleinen Geschöpf grausamste Be= handlung angedroht wurde, falls sie ein einziges Wort sagen oder ihre Rolle verfehlen würde, entledigte sie sich dieser Aufgabe so gut sie konnte, und der Be= trug zeitigte allen Erfolg, den man sich davon ver= sprochen hatte. Das Volk bejubelte das Wunder, hin= terließ der Jungfrau reiche Opfergaben und ging, mehr denn je von der gnadenbringenden Kraft der himmlischen Mutter überzeugt, nach Hause.

Als Krönung ihrer Gottlosigkeit verlangten unsere

Libertins, daß Florette zum Abendessen in den glei=
chen Gewändern erscheinen sollte, die ihr so viele
Huldigungen eingebracht hatten. Jeder der vier
schürte seine verhaßten Begierden und unterwarf
das Mädchen in diesem Kostüm seinen unerlaubten
Launen. Da dieses erste Verbrechen die Unmenschen
erst recht aufgestachelt hatte, ließen sie es dabei nicht
bewenden. Sie legten sie nun nackt bäuchlings auf
einen großen Tisch, zündeten Kerzen an, placierten
das Bild unseres Heilands ans Kopfende und hatten
die Frechheit, auf den Lenden dieser Unglücklichen
das furchtbarste unserer Mysterien zu vollziehen.
Angesichts dieses grauenhaften Schauspiels fiel ich
in Ohnmacht. Ich konnte es nicht mehr ertragen. Als
Raphael dies sah, sagte er, ich müsse mich daran ge=
wöhnen und solle meinerseits als Altar dienen. Man
ergriff mich und legte mich auf denselben Platz wie
Florette, und der ruchlose Italiener vollführte auf
mir mit noch weit grausameren und gottloseren Bei=
gaben ebenso Greuliches, wie es zuvor an meiner
Gefährtin verübt worden war. Wie leblos werde ich
vom Tisch genommen. Man mußte mich aufs Zim=
mer tragen, wo ich drei Tage lang das grauenhafte
Verbrechen, dem ich wider Willen gedient hatte, mit
bitteren Tränen beweinte... Die Erinnerung daran
zerreißt mir noch jetzt das Herz, Madame. Wenn ich
daran denke, muß ich weinen. Bei mir ist die Reli=
gion eine Sache des Gemüts. Alles, was sie beleidigt
oder verletzt, macht mein Herz bluten.
Indessen schien die von uns erwartete neue Gefähr=

tin doch nicht aus der vom Fest angelockten Volks=
menge aufgegriffen worden zu sein. Vielleicht fand
eine Aushebung für das andere Serail statt. Zu uns
kam jedenfalls niemand. Einige Wochen lang blieb
alles unverändert. Sechs Wochen war ich nun schon
in diesem verhaßten Haus, als Raphael eines Mor=
gens gegen neun Uhr unseren Turm betrat. Er schien
sehr erregt. In seinen Blicken zeichnete sich eine ge=
wisse Verwirrung ab. Er betrachtete uns alle prü=
fend, stellte uns eine nach der anderen in der von
ihm so geschätzten Haltung auf und verweilte ins=
besondere bei Omphale. Einige Minuten bleibt er
in ihren Anblick versunken. Dann packt ihn dumpfe
Unruhe; er gibt sich einigen seiner bevorzugten Lau=
nen hin, vollendet aber nichts... Auf sein Geheiß
richtet sie sich wieder auf. Eine Zeitlang mustert er
sie mit strengen Augen und Grausamkeit widerspie=
gelnden Zügen.
„Sie haben uns genug gedient", sagte er endlich, „die
Gesellschaft entläßt Sie. Ich habe Ihnen Ihre Kündi=
gung auszusprechen. Machen Sie sich fertig, bei Ein=
bruch der Nacht werde ich selbst Sie abholen."
Nach diesen Worten betrachtet er sie noch einmal
mit dem gleichen Gesichtsausdruck und eilt dann un=
vermittelt aus dem Zimmer.
Kaum war er draußen, stürzte Omphale in meine
Arme:
„Ach", sagte sie weinend, „jetzt ist der Augenblick
gekommen, den ich so sehr gefürchtet wie herbei=
gesehnt habe... Was wird aus mir, großer Gott."

Ich versuchte alles mögliche, sie zu beruhigen. Aber es half nichts. Sie schwor mir mit ausdrucksvollsten Worten, sie wolle alle Hebel in Bewegung setzen, uns zu befreien; sie werde gegen die Verräter Klage führen, sofern man ihr irgendeine Möglichkeit dazu ließe. Die Art und Weise, in der sie es mir versprach, ließ mich keinen Moment daran zweifeln, daß sie es tun werde oder daß es — wenn sie es nicht tat — nicht durchführbar war. Der Tag verging wie gewöhnlich, und gegen sechs Uhr kam Raphael selbst zu uns herauf.

„Los", sagte er schroff zu Omphale, „sind Sie bereit?"

„Ja, mein Vater."

„Kommen Sie, beeilen Sie sich."

„Erlauben Sie, daß ich meine Gefährtinnen umarme?"

„Ach, das ist unsinnig", sagte der Mönch und zog sie am Arm. „Sie werden erwartet, kommen Sie."

Darauf fragte sie, ob sie ihre Kleider mitnehmen solle.

„Nichts, gar nichts", erwiderte Raphael. „Gehört das nicht alles dem Haus? Diese Sachen brauchen Sie nicht mehr."

Dann verbesserte er sich wie einer, der zuviel gesagt hat:

„Diese Sachen sind überflüssig, Sie bekommen Kleider nach Maß gearbeitet, die Ihnen viel besser passen werden."

Ich bat den Mönch um Erlaubnis, Omphale wenig=

stens bis zur Haustür begleiten zu dürfen. Aber er warf mir einen so wilden und harten Blick zu, daß ich erschrocken zurückwich, ohne meine Frage zu wiederholen. Unsere unglückliche Gefährtin sah mich im Hinausgehen mit unruhevollen und tränenverschleierten Blicken an, und als sie aus dem Zimmer war, gaben wir uns alle drei dem Schmerz über diese Trennung hin. Eine halbe Stunde danach kam Antoninus, um uns zum Abendessen zu holen. Raphael erschien erst etwa eine Stunde später als wir im Saal. Er machte einen sehr aufgeregten Eindruck und sprach des öfteren leise mit den anderen. Dennoch nahm alles seinen üblichen Gang. Indessen bemerkte ich — wie Omphale schon angekündigt hatte —, daß man uns viel eher auf unser Zimmer schickte und daß die Mönche, die unendlich viel mehr tranken als sonst, es dabei beließen, sich sinnlich zu erregen, ohne sich volle Befriedigung zu verschaffen. Welche Schlüsse waren daraus zu ziehen? Die Beobachtungen hatte ich zwar gemacht, denn bei dergleichen Gelegenheiten achtet man auf alles; aber es fehlte mir die Einsicht, was daraus zu folgern sei. Vielleicht hätte ich Ihnen diese Eigentümlichkeiten auch gar nicht berichtet, wenn ich darüber nicht so erstaunt gewesen wäre.

Vier Tage warteten wir auf Nachrichten von Omphale. Bald redeten wir uns ein, daß sie den geleisteten Schwur nicht brechen würde, aber im nächsten Moment waren wir schon wieder davon überzeugt, daß die ihr gegenüber getroffenen grausamen Vorkehrungen sie bestimmt jeder Möglichkeit beraubt haben mußten, uns nützlich zu sein. Schließlich verzweifelten wir, und unsere Unruhe wurde um so heftiger. Vier Tage nach Omphales Weggang ließ man uns wie vorgesehen zum Abendessen hinunterkommen. Aber wie sehr waren wir alle drei erstaunt, eine neue Gefährtin durch eine Außentür eintreten zu sehen in genau dem gleichen Augenblick, in dem wir selbst durch unsere Verbindungstür in den Saal kamen:

„Die Gesellschaft hat diese hier zur Nachfolgerin der jüngst Entlassenen bestimmt, meine Damen", sagte Raphael. „Seien Sie so gut und leben Sie mit ihr zusammen wie mit einer Schwester und mildern Sie ihr Schicksal, soweit es von Ihnen abhängt. Sophie", fuhr der Prior zu mir gewandt fort, „Sie sind die Älteste hier in der Klasse; ich ernenne Sie zur Vorsteherin. Sie kennen Ihre Pflichten. Versäumen Sie nicht, denselben gewissenhaft nachzukommen."

Gern hätte ich mich geweigert; aber es ging nicht; denn ich war für ewig verpflichtet, meine eigenen Wünsche und meinen eigenen Willen den Absichten dieser abscheulichen Menschen zu opfern. Also verneigte ich mich und versprach, alles zu seiner Zufriedenheit auszuführen.

Darauf nahm man unserer neuen Gefährtin Umhang und Schleier ab, die ihren Körper und ihren Kopf umhüllten, und wir erblickten ein junges Mädchen von fünfzehn Jahren mit besonders interessanten und feinen Gesichtszügen. Ihre Augen, obgleich tränen=

feucht, erschienen uns herrlich. Voller Anmut musterte sie uns eine nach der anderen. Ich kann sagen, daß ich in meinem ganzen Leben keine rührenderen Blicke gesehen habe. Ihr langes, aschblondes Haar fiel in natürlichen Locken über ihre Schultern. Sie hatte einen frischen blühenden Mund, eine edle Kopfhaltung und insgesamt etwas so Verführerisches, daß man sich ungewollt zu ihr hingezogen fühlen mußte. Später erfuhren wir von ihr selbst (ich füge es hier ein, um alles, was sie betrifft in einem Zug zu berichten), daß sie Octavia hieß und die Tochter eines bedeutenden Lyoneser Kaufmanns war. Sie war in Paris aufgewachsen und mit einer Gouvernante zu ihren Eltern unterwegs gewesen, als sie in der Nacht zwischen Auxerre und Vermenton überfallen wurde. Man hatte sie wider ihren Willen entführt und in dieses Haus gebracht, ohne daß sie in Erfahrung bringen konnte, was aus dem Reisewagen und ihrer Begleiterin geworden war. Eine Stunde blieb sie allein in einer niedrigen Kammer eingesperrt und gab sich der Verzweiflung hin, bis man sie holen kam und mit uns zusammenführte, noch ehe einer der Mönche ein einziges Wort an sie gerichtet hatte.

Unsere vier Libertins gerieten vor soviel Charme einen Augenblick lang in Verzückung und fanden nur die Kraft, ihren Liebreiz zu bewundern. Die Macht der Schönheit fordert den Respekt heraus. Selbst der verderbte Frevler bringt ihr eine gewisse Verehrung entgegen und macht sich nur unter Skrupeln davon los. Aber Unmenschen von der Sorte derer, mit denen wir zu tun hatten, lassen sich nicht lange zügeln:

„Nun, Mademoiselle", sagte der Guardian, „wollen wir sehen, ob Ihre übrigen Reize denen entsprechen, die die Natur auf Ihr Antlitz verschwendet hat."

Und da das schöne Mädchen in Verwirrung geriet, da sie errötete, ohne zu begreifen, was man von ihr wollte, packte der brutale Antoninus sie am Arm und sagte ihr unter Flüchen und Drohungen, die so unanständig waren, daß man sie nicht wiederholen kann: „Kapieren Sie denn nicht, kleine Zierpuppe, daß Sie sich auf der Stelle nackt ausziehen sollen..."

Neue Tränen... erneutes Sträuben, aber Clemens bemächtigt sich ihrer und entfernt innerhalb von einer Minute alles, was dieses interessante Geschöpf schamhaft umschleiert hatte.

Schwerlich hätten die Reize, die der Anstand gemeinhin verborgen hält, bei Octavia besser harmonieren können mit dem Charme dessen, was üblicherweise zu zeigen erlaubt ist. Ohne Zweifel hat man noch nie eine weißere Haut und noch nie vollendetere Formen gesehen; und dennoch sollte diese unbeschreibliche Frische, diese übergroße Unschuld und Zartheit eine Beute dieser Barbaren werden. Es war, als hätte die Natur ihr soviel Gunst nur dazu erwiesen, daß sie von ihnen geschändet würde.

Es bildete sich der übliche Kreis um sie herum und sie durchlief ihn in allen Richtungen genau so wie ich zu meiner Zeit. Der hitzige Antoninus hat nicht die Kraft zu widerstehen. Ein grausames Attentat auf

die aufblühenden Reize beschließt die Huldigung, und der Weihrauch dampft zu Füßen des Gottes ... Raphael sieht, daß es Zeit ist, an ernsthaftere Dinge zu denken. Er selbst ist außerstande zu warten. Er greift sich das Opfer und bringt es in die seinen Wünschen entsprechende Lage. Da ihm seine Vorkehrungen nicht zuverlässig scheinen, bittet er Clemens, das Mädchen festzuhalten. Octavia weint, aber man hört sie nicht. Feurig glänzen die Augen des abscheulichen Italieners. Als Herr des Platzes, den er im Sturm zu erobern gedachte, nahm er die Zugänge sozusagen nur in Augenschein, um allen Widerständen besser vorzubeugen. Keine List wurde gebraucht, keine Vorbereitung getroffen. Welch ein gewaltiges Mißverhältnis zwischen dem Angreifer und der Rebellin. Aber das hinderte jenen nicht an der Eroberung. Ein mitleiderregender Aufschrei verkündete uns endlich die Niederlage des Opfers. Aber ihr stolzer Bezwinger läßt sich durch nichts erweichen. Je mehr sie um Gnade zu flehen scheint, desto brutaler dringt er in sie ein. So wird die Unglückliche meinem Beispiel entsprechend auf nichtswürdige Weise geschändet, ohne ihre Jungfräulichkeit verloren zu haben.
„Noch nie waren die Lorbeeren so schwer zu ernten", sagte Raphael, sich erhebend. „Zum erstenmal in meinem Leben habe ich geglaubt, ich würde daran scheitern."
„Ich werde sie von dort nehmen", sagte Antoninus, sie am Aufstehen hindernd, „die Festung hat mehr als eine Bresche, und Sie haben nur eine gestürmt."

So spricht er und schreitet stolz zum Kampf. Und in einer Minute ist er Herr des Platzes. Das Wehklagen setzt von neuem ein...

„Gott sei gelobt", sagte dieses grauenhafte Unge= heuer, „ich hätte an ihrer Niederlage gezweifelt, wenn das Geschrei der Eroberten ausgeblieben wäre. Nur wenn mein Sieg Tränen gekostet hat, rechne ich ihn mir als Triumph an."

„Wahrhaftig", sagte Jeronimus und trat mit seinem Rutenbündel bewaffnet herzu. „Auch ich werde diese liebliche Haltung nicht zerstören. Sie kommt meinen Absichten sehr zustatten."

Er betrachtet, berührt, betastet und schon erfüllt ein gräßliches Pfeifen die Luft. Die schöne Haut wechselt ihre Farbe, ein brennendes Rot mischt sich zum Lilienweiß. Was aber die Liebe vielleicht für einen Augenblick ergötzen könnte, sofern diese Neigung von Mäßigung bestimmt ist, das wird hier unver= züglich zu einem Verbrechen gegen ihre Gesetze. Nichts kann den ruchlosen Mönch mehr aufhalten; je mehr das Schulmädchen jammert, desto strenger wird der Meister... Alles wird in gleicher Weise bearbeitet. Nichts findet vor seinen Augen Gnade. Bald gibt es keine Stelle mehr an diesem schönen Leib, die nicht den Stempel seiner Barbarei trüge, und erst angesichts der blutigen Spuren seiner ver= haßten Begierden kommt das Feuer des Ruchlosen zum Verlöschen.

„Ich werde zärtlicher sein als alle anderen", sagte Clemens und nahm die Schöne in seine Arme, einen

unzüchtigen Kuß auf ihren korallenroten Mund drük=
kend... „Das ist der Tempel, in welchem ich opfern
werde..."
Weitere Küsse auf den bewunderswerten, von Venus
selber geformten Mund erhitzen ihn noch mehr. Er
zwingt das unglückliche Mädchen zu den Niederträch=
tigkeiten, die ihn ergötzen, und am Ende wird der
glückliche Mittler der Sinnenfreuden, der Liebe
süßestes Asyl von Greuel besudelt.
Der Rest des Abends verlief in bekannter Weise, nur
daß die Schönheit und das zarte Alter dieses jungen
Mädchens die Bösewichte noch weit mehr entflammte
und all ihre Abscheulichkeiten auf das Doppelte stei=
gerten. Mehr aus Übersättigung denn aus Mitleid
schickte man sie auf ihr Zimmer zurück und ver=
gönnte ihr wenigstens einige Stunden der so bitter
nötigen Ruhe. Ich hätte sie gern wenigstens am ersten
Abend getröstet. Da ich aber gezwungen war, diese
Nacht mit Antoninus zu verbringen, hätte ich im Ge=
genteil selber des Zuspruches bedurft. Ich hatte das
Pech, nicht etwa zu gefallen — dieses Wort wäre un=
angebracht — sondern die schändlichen Begierden des
Wüstlings heftiger als alle anderen Mädchen zu er=
regen, und seit langem verging kaum eine Woche, in
der ich nicht vier oder fünf Nächte in seiner Kammer
zubrachte.
Als ich am nächsten Morgen auf unser Zimmer zu=
rückkehrte, fand ich meine neue Gefährtin in Tränen
aufgelöst. Ich sagte ihr alles, was man mir einst gesagt
hatte, um mich zu beruhigen, ohne bei ihr jedoch mehr

Glück zu haben als die anderen damals bei mir. Es fällt nicht leicht, sich über eine so plötzliche Schick=
salswendung hinwegzutrösten. Im übrigen war dieses junge Mädchen sehr fromm, tugendhaft, ehrbar und sensibel veranlagt, und so erschien ihr dieser Zustand nur um so grausamer. Raphael, der großen Gefallen an ihr gefunden hatte, verbrachte mehrere Nächte hintereinander mit ihr, und nach und nach erging es ihr wie den anderen; sie tröstete sich über ihr Unglück hinweg in der Hoffnung, daß es eines Tages ein Ende haben werde.

Omphale hatte recht mit ihrer Behauptung, daß das Dienstalter keinen Einfluß auf die Entlassung habe, sondern daß man vielmehr infolge einer plötzlichen Laune der Mönche oder wegen der bevorstehenden Aushebung eines neuen Mädchens ebensogut schon nach acht Tagen oder auch erst nach zwanzig Jahren seinen Abschied bekommen konnte. Octavia war noch keine sechs Wochen bei uns, als Raphael erschien und ihre Kündigung aussprach ... Sie machte uns die gleichen Versprechungen wie Omphale und ver=
schwand ebenso wie diese, ohne daß wir je erfahren hätten, was aus ihr geworden ist.

Wir blieben etwa einen Monat ohne eine Nachfolge=
rin. Während dieser Zeit hatte ich, wie Omphale, Ge=
legenheit, mich davon zu überzeugen, daß wir nicht die einzigen Mädchen hier im Hause waren, sondern daß in einem anderen Gebäude noch einmal ebenso viele wie wir selbst versteckt sein mußten. Aber Om=
phale hatte nur den Verdacht schöpfen können.

Meine Vermutungen wurden hingegen durch ein in ganz anderem Maße überzeugendes Abenteuer vollkommen bestätigt. Folgendes trug sich zu: Ich hatte die Nacht mit Raphael zugebracht und verließ ihn wie üblich um sieben Uhr morgens. Da erschien im Korridor plötzlich ein mir völlig unbekannter Klosterbruder, der ebenso alt und widerlich war wie der unsrige, und der ein großes Mädchen von etwa achtzehn bis zwanzig Jahren bei sich hatte, das außerordentlich schön und wie zum Malen geschaffen auf mich wirkte. Raphael, der mich zurückführen wollte, ließ auf sich warten. Der Bruder wußte nicht, wo er seine Begleiterin verstecken sollte, um sie meinen Blicken zu entziehen, und so stand ich direkt vor ihr, als der Guardian kam.

„Wo führen Sie dieses Geschöpf hin?" fragte er wütend.

„Zu Ihnen, ehrwürdiger Vater", sagte der abscheuliche Merkur. „Hochwürden vergessen, daß Sie mir gestern abend den Auftrag gegeben haben."

„Ich sagte Ihnen um neun Uhr."

„Um sieben, Monsignore. Sie wollten sie vor der Messe sehen, sagten Sie."

Die ganze Zeit über betrachtete ich diese Gefährtin, die mich ihrerseits mit derselben Verwunderung musterte.

„Nun, es schadet nichts", sagte Raphael. Er brachte mich in sein Zimmer zurück und ließ auch das andere Mädchen eintreten. „Hören Sie zu, Sophie", sagte er, nachdem er die Tür verschlossen und dem Bruder be=

fohlen hatte, zu warten. „Dieses Mädchen ist in einem anderen Turm mit der gleichen Stellung betraut, die Sie in dem Ihren bekleiden. Sie ist dort die Älteste. Es ist nichts dagegen einzuwenden, daß unsere beiden Vorsteherinnen sich kennenlernen. Und damit diese Bekanntschaft um so gründlicher sei, Sophie, werde ich Ihnen unsere Marianne gänzlich nackt vorstellen."

Jene Marianne — sie machte einen sehr frechen Eindruck auf mich — entkleidete sich augenblicklich. Raphael forderte mich auf, seine Begierden zu erregen und unterwarf sie vor meinen Augen seinen auserwählten Gelüsten:

„Das ist es, was ich von ihr wollte", sagte der Nichtswürdige, nachdem er sich befriedigt hatte. Ich brauche nur die Nacht mit einem Mädchen verbracht zu haben und schon begehre ich am Morgen eine andere. Nichts ist so unersättlich wie unsere Sinnenlust. Je mehr man ihr opfert, desto hitziger wird sie. Obgleich es immer so ziemlich die gleiche Sache ist, erhofft man sich unablässig neue Leckerbissen, und sobald die Übersättigung uns das eine unbegehrlich macht, entzündet sich an der gleichen Ausschweifung schon wieder die Lust auf das nächste. Sie sind zwei zuverlässige Mädchen, also schweigen Sie alle beide. Gehen Sie, Sophie, gehen Sie; der Bruder wird Sie zurückbringen. Ich habe noch ein weiteres Mysterium mit Ihrer Gefährtin zu feiern."

Ich versprach, das Geheimnis wie befohlen zu wahren, und entfernte mich jetzt in der vollen Gewißheit,

daß wir nicht die einzigen waren, die den monströsen Lustbarkeiten dieser zügellosen Libertins dienten.
Doch bald fand sich eine Nachfolgerin für Octavia. Es war ein kleines zwölfjähriges Bauernmädchen, das man an ihre Stelle setzte, frisch und hübsch, aber Octavia weit unterlegen. Nach knapp zwei Jahren war ich von allen Mädchen am längsten im Haus. Auch Florette und Cornelia wurden entlassen. Gleich Omphale versprachen sie mir, Nachricht zu geben, aber es gelang ihnen ebensowenig wie jener Unglücklichen. Die eine wie die andere wurde ersetzt: Florette durch eine fünfzehnjährige Dijoneserin — eine füllige und pausbäckige Person, die nur ihre Frische und ihr Alter als Vorzug hatte —, Cornelia durch ein Mädchen aus Autun, die aus einer sehr ehrbaren Familie stammte und von ausnehmender Schönheit war. Letztere, eine Sechzehnjährige, hatte mir glücklicherweise Antoninus Herz abspenstig gemacht. Bald merkte ich aber, daß mein Ansehen, nachdem ich die Gunst dieses Libertins verloren hatte, auch bei den anderen zu schwinden begann. Die Unbeständigkeit dieser Unseligen ließ mich um mein Schicksal bangen. Ich erkannte sehr wohl, daß die Abkehr von mir der Vorbote meiner Entlassung war und ich hatte viel zu sehr die Gewißheit, daß diese grausame Kündigung einem Todesurteil gleichkommen würde, als daß ich nicht einen Augenblick darüber bestürzt gewesen wäre. Ich sage: einen Augenblick lang! Konnte ich denn noch am Leben hängen, unglücklich wie ich war? War es nicht das Beste, was

mit mir geschehen konnte, wenn ich hier herauskam? Diese Überlegungen trösteten mich und gaben mir die Kraft, mein künftiges Schicksal mit soviel Gleich= mut zu erwarten, daß ich mir keine Mühe gab, mein Ansehen wieder zu heben. Die schlechte Behandlung bedrückte mich. Es verging kein Augenblick, ohne daß man sich über mich beklagte, kein Tag, ohne daß ich bestraft wurde. Ich betete zum Himmel und wartete auf mein Urteil. Vielleicht stand meine Ver= urteilung schon unmittelbar bevor, als die Hand der Vorsehung — müde, mich noch länger auf ein und dieselbe Weise zu quälen — mich diesem neuen Ab= grund entriß, um mich alsbald in einen anderen zu stürzen. Doch wir wollen den Ereignissen nicht vor= auseilen, sondern erst erzählen, wie wir endlich aus den Händen dieser Wüstlinge befreit wurden.
Bei dieser Gelegenheit sollte es sich grauenhafter= weise abermals erweisen — wie ich es mein ganzes Leben hindurch bei jeder Gelegenheit erleben mußte —, daß nur das Laster belohnt wird. Es steht für mich fest, daß diejenigen, die mich quälen, demütigen und ketten, für ihre Untaten — nach meinem Ermessen — stets entgolten werden, als hätte die Vorsehung es sich zur Aufgabe gesetzt, mir die Sinnlosigkeit mei= ner Tugend zu beweisen. Diese verhängnisvolle Lek= tion vermochte dennoch nicht, mich zu korrigieren und wird mich — sollte ich dem über mir schweben= den Schwert entrinnen — niemals daran hindern, für immer ein Sklave der in meinem Herzen regierenden Gottheit zu bleiben.

Eines Morgens erschien Antoninus unerwartet in un=
serem Zimmer und verkündete uns, daß der ehr=
würdige Pater Raphael, Verwandter und Schützling
des Heiligen Vaters, von seiner Heiligkeit zum Ge=
neral des Ordens des heiligen Franziskus ernannt
worden sei.
„Und ich, Kinder", sagte er zu uns, „werde Prior in
Lyon. Zwei neue Patres werden uns in diesem Hause
in Kürze ersetzen. Vielleicht kommen sie noch heute
im Laufe des Tages. Wir kennen sie nicht. Es kann
sein, daß sie euch alle nach Hause schicken; ebensogut
ist es möglich, daß sie euch hierbehalten. Aber was
auch immer euer Schicksal sein mag, ich rate euch in
eurem eigenen Interesse und um der Ehre der beiden
zurückbleibenden Mitbrüder willen, alle Einzelheiten
unseres Verhaltens zu verbergen und nur das zuzu=
geben, was keinen Anstoß erregt."
Eine für uns so erfreuliche Neuigkeit mußte uns da=
von abhalten, dem Mönch seine Wünsche zu ver=
weigern. Wir versprachen ihm alles, was er begehrte.
Dann wollte der Mönch uns allen vieren Lebewohl
sagen. Die Aussicht auf das Ende des Leidens läßt
einen die letzten Schläge klaglos ertragen. Wir ver=
weigerten ihm nichts; dann trennte er sich für immer
von uns. Wie gewöhnlich bekamen wir das Abend=
essen serviert. Etwa zwei Stunden später betrat Pa=
ter Clemens unser Zimmer, begleitet von zwei ihrem
Alter und Aussehen nach ehrbaren Geistlichen.
„Geben Sie zu, Pater", sagte einer von ihnen zu Cle=
mens, „geben Sie zu, daß diese Ausschweifung

grauenhaft ist. Seltsam, daß der Himmel dergleichen so lange mit angesehen hat."

Clemens stimmte allem demütig bei; er entschuldigte sich damit, daß weder er noch seine Mitbrüder diesen Brauch eingeführt, sondern daß beide schon alles im gleichen Zustand vorgefunden hätten, in dem sie es jetzt an ihn übergäben. Die Subjekte hätten zwar gewechselt, aber auch die Methode ihrer Ablösung sei schon vor ihrer Zeit entwickelt worden. Sie hätten also nichts anderes getan, als den von ihren Vor= gängern geübten Brauch fortzusetzen.

„Das mag sein", erwiderte der andere; er schien mir der neue Guardian zu sein — und war es auch in der Tat —, „das mag sein. Aber wir wollen dieser scheuß= lichen Ausschweifung schnellstens ein Ende machen, Pater. Schon weltliche Menschen würde sie empören. Ich überlasse es Ihnen, selber zu ermessen, was Geist= liche davon zu halten haben."

Dann fragte er uns, was wir zu tun gedächten. Wir alle wollten entweder in unsere Heimat oder zu un= serer Familie zurückkehren.

„Das sollt ihr auch, meine Kinder", sagte der Mönch, „und ich werde euch sogar jeder die dafür nötige Summe Geld aushändigen. Doch dürft ihr nur nach= einander aufbrechen, im Abstand von zwei Tagen, und zwar allein und zu Fuß; und ihr dürft niemals und nirgends etwas von den Vorgängen hier im Hause enthüllen."

Wir schworen es ... Aber der Guardian gab sich mit diesem Gelöbnis nicht zufrieden. Er forderte uns auf, zum Abendmahl zu gehen. Keine von uns weigerte sich und dort am Fuße des Altars ließ er uns schwören, daß wir nie und nimmer verraten würden, was sich in diesem Kloster zugetragen habe. Ich gelobte es wie alle anderen, und wenn ich jetzt vor Ihnen, Madame, meinen Schwur breche, so halte ich mehr am Sinn als am Buchstaben dieses Eides fest, den der gute Priester uns abgefordert hatte. Sein Zweck war, eine Klage zu verhindern. Und wenn ich Ihnen diese Abenteuer jetzt erzählt habe, so bin ich meiner Sache ganz sicher, daß den Patres und ihrem Orden keine Unannehmlichkeiten daraus erwachsen werden. Meine Gefährtinnen brachen als erste auf, und da es uns verboten war, irgendeinen Treffpunkt zu verabreden, und da wir außerdem gleich nach der Ankunft des neuen Guardian voneinander getrennt wurden, haben wir einander nicht mehr wiedergesehen. Ich hatte Grenoble als Ziel genannt und bekam zwei Louisdor mit auf den Weg. Ich nahm die Kleider, die ich bei Betreten des Klosters getragen hatte, wieder an mich und fand darin noch die restlichen acht Louisdor. Überglücklich, diesem entsetzlichen Ort des Lasters für immer zu entrinnen — und gar noch auf so angenehme und unerwartete Weise —, schlug ich mich durch den Wald und gelangte genau dort auf die Straße von Auxerre, wo ich sie damals verlassen hatte, um mich aus eigenem Antrieb ins Unglück zu stürzen. Genau drei Jahre waren seit dieser Torheit vergangen; ich würde jetzt also in wenigen Wochen fünfundzwanzig Jahre alt sein.

Meine erste Sorge war es, mich auf die Knie zu wer=
fen und Gott für die unfreiwillig begangenen Fehler
um Verzeihung zu bitten. Ich tat es noch reuevoller
als vor dem befleckten Altar jenes schandbaren Hau=
ses, das ich so freudig verlassen hatte. Tränen des
Bedauerns traten mir aus den Augen. „Ach", sagte
ich, „ich war rein, als ich damals von dieser gleichen
Straße abbog, gelenkt von dem Grundsatz der so
verhängnisvoll getäuschten Frömmigkeit... Und in
welch einer traurigen Verfassung muß ich mich jetzt
sehen!"
Diese düsteren Betrachtungen wurden ein wenig von
der Freude verdrängt, mich frei zu wissen, und so
setzte ich meinen Weg fort. Um Sie nicht weiter mit
Einzelheiten zu langweilen, Madame, die Ihre Ge=
duld — wie ich fürchte — ermüden würden, verweile
ich, wenn es Ihnen recht ist, nur noch bei solchen
Geschehnissen, die mir Entscheidendes zur Kenntnis
brachten oder meinem Leben eine andere Wendung
gaben.
In Lyon ruhte ich mich kurze Zeit aus. Eines Tages
fiel mein Blick auf eine auswärtige Zeitung, die meiner
Vermieterin gehörte, und wie groß war mein Erstau=
nen, als ich daraus entnahm, daß wiederum das Ver=
brechen gekrönt worden war. Einer der ersten Ur=
heber meines Unglücks hatte den Gipfel des Glücks
erreicht. Rodin, der Nichtswürdige, von dem ich so
grausam gestraft worden war, weil ich ihn vor einem
Mord bewahrt hatte, hatte Frankreich vermutlich
wegen anderer Vergehen verlassen müssen, war den

Informationen dieses Nachrichtenblattes zufolge zum Leibarzt des schwedischen Königs ernannt worden und bezog ein beträchtliches Einkommen. „Soll er getrost vom Glück begünstigt sein, der Schurke", sagte ich mir, „soll er es sein, wenn die Vorsehung es so will; du aber, unglückliches Geschöpf, leide für dich allein, leide ohne zu klagen; denn es ist ja beschlossen, daß Trübsal und Not der Tugend schreckliches Los sind!"
Nach drei Tagen verließ ich Lyon und schlug den Weg in die Dauphiné ein, erfüllt von der verrückten Hoffnung, in jener Provinz könne mich ein wenig Glück erwarten. Kaum war ich — wie gewöhnlich zu Fuß und mit ein paar Hemden und Taschentüchern im Beutel unterwegs — zwei Meilen von Lyon entfernt, da begegnete mir eine alte Frau. Mit schmerzbewegtem Gesicht sprach sie mich an und bat um ein Almosen. Ich bin von Natur aus mitfühlend und kenne keine größere Freude auf Erden, als zu spenden. Sogleich zog ich meine Börse hervor und wollte ein paar Münzen für die Frau heraussuchen. Doch ehe ich mich versah, griff das nichtswürdige Weib — obgleich ich es ursprünglich für alt und hinfällig gehalten hatte — ganz behende nach meiner Börse, brachte mich mit einem kräftigen Faustschlag in den Magen zu Fall und zeigte sich mir erst wieder, nachdem ich mich erhoben hatte: hundert Schritt entfernt, umringt von vier Spitzbuben, die mich mit drohenden Gesten am Näherkommen hinderten...
„O gerechter Himmel", rief ich voller Bitterkeit, „jede

tugendvolle Regung, die in mir entsteht, wird also unerbittlich und sofort durch die allergrausamsten Unbilden der Welt gestraft."

In diesem entsetzlichen Moment drohte mich all mein Mut zu verlassen. Heute bitte ich den Himmel um Verzeihung, aber damals war mein Herz der Empörung nahe. Es bot sich mir die Wahl zwischen zwei greulichen Wegen. Ich wollte mich entweder zu den Gaunern schlagen, die mich so grausam hintergangen hatten, oder nach Lyon zurückkehren und mich der Ausschweifung hingeben... Gottes Gnade fügte es, daß ich nicht unterlag, und obgleich die von ihm in meinem Herzen erneut entzündete Hoffnung nur die Eröffnung neuer, noch grauenhafterer Widerwärtigkeiten sein sollte, danke ich ihm dennoch dafür, mich gestützt zu haben. Die Verkettung von Mißgeschicken, die mich heute — wenngleich unschuldig — zum Schafott führt, bringt mir nur den Tod ein. Die anderen Wege hätten mich der Scham, den Gewissensbissen und der Schande ausgeliefert. Ersteres aber ist weit weniger grausam für mich als alles andere.

Ich setzte meinen Weg fort, fest entschlossen, in Vienne das wenige Hab und Gut, das ich bei mir trug, zu verkaufen, um nach Grenoble zu gelangen. Traurig wanderte ich dahin, da bemerkte ich rechts vom Wege etwa eine Viertelmeile vor der Stadt, zwei Reitersleute im Gelände, die einen Dritten mit den Pferdehufen niedertrampelten und — diesen wie tot zurücklassend — im gestreckten Galopp flüchte=

ten ... Dieses erschreckende Schauspiel rührte mich zu Tränen ... „Ach", sagte ich mir, „dieser Unglück= liche dort ist noch beklagenswerter als ich. Mir bleibt wenigstens Gesundheit und Kraft. Ich kann meinen Lebensunterhalt verdienen. Wenn aber dieser da nicht reich ist, sondern sich in derselben Lage befin= det wie ich und nun für den Rest seiner Tage ver= krüppelt bleibt, was soll dann aus ihm werden?"
Wie sehr ich auch gegen dieses Mitgefühl hätte an= gehen sollen und wie grausam ich hernach dafür ge= straft wurde, ich konnte mich seiner nicht erwehren. Ich näherte mich dem Sterbenden; ich hatte etwas Alkohol bei mir, den lasse ich ihn einatmen. Er schlägt die Augen auf; seine erste Regung ist die der Dankbarkeit; das bestärkt mich in meinen Bemühun= gen. Ich zerreiße eines meiner Hemden und verbinde ihn damit. Eine der letzten Sachen, die mich am Leben erhalten, reiße ich in Fetzen, um diesem Mann zu helfen; ich stille das aus verschiedenen Wunden rinnende Blut, gebe ihm aus meinem Fläschchen Wein zu trinken, den ich stets als Wegzehrung bei mir trug, um mich in Momenten der Müdigkeit unterwegs zu beleben. Mit dem Rest mache ich ihm feuchte Um= schläge auf seine Prellungen und Wunden.
Endlich gewinnt der Unglückliche mit einemmal seine Kräfte und seinen Mut zurück. Obgleich er zu Fuß und nur leicht ausgerüstet war, schien er doch nicht in bescheidenen Verhältnissen zu leben. Er trug einige Wertsachen bei sich, Ringe, eine Uhr und an= dere Schmuckstücke, die allerdings durch den Über=

fall stark beschädigt waren. Als er wieder sprechen konnte, fragte er mich, welcher gütige Engel ihm Hilfe gebracht habe und was er tun könne, um ihm seine Dankbarkeit zu bezeigen. Noch immer war ich so einfältig, mir einzubilden, daß eine durch Dank= barkeit gewonnene Seele mir ein Wohlwollen ohne= gleichen entgegenbringen müßte, und so glaubte ich, mich unbedenklich der süßen Freude hingeben zu können und ihn, der noch eben in meinen Armen geweint hatte, an meinen Tränen teilhaben zu lassen. Ich erzähle ihm all meine Abenteuer; er lauscht voller Interesse, und als ich ihm abschließend das letzte Unglück geschildert hatte, dessen Bericht ihm mein gegenwärtiges grausiges Elend zu erkennen gab, rief er aus:
„Wie bin ich glücklich, daß ich Ihnen wenigstens alles, was Sie für mich getan haben, vergelten kann! Ich heiße Dalville", fährt der Abenteurer fort, „fünf= zehn Meilen von hier in den Bergen besitze ich ein sehr schönes Schloß. Wenn Sie Lust haben, können Sie dort bei mir unterkommen; und damit dieses Angebot Ihr Feingefühl nicht verletzt, will ich Ihnen gleich erklären, wofür ich Sie brauchen kann. Ich bin verheiratet, meine Frau bedarf einer zuverlässi= gen Hilfe. Vor kurzem haben wir eine üble Person fortschicken müssen und deren Platz biete ich Ihnen an."
Demütig dankte ich meinem Gönner und fragte ihn, wie es möglich sei, daß ein Mann seines offenbar gehobenen Standes es wage, ohne Gefolge zu reisen

und sich derart schurkischen Überfällen auszusetzen. „Ein wenig beleibt, jung und kräftig wie ich bin, habe ich seit langem die Gewohnheit, mich auf diese Weise von meinem Haus nach Vienne zu begeben", sagte Dalville. Meine Gesundheit und mein Geldbeutel profitieren davon. Es ist aber nicht etwa so, daß ich darauf angewiesen wäre, Ausgaben zu sparen, denn Gott sei Dank bin ich reich, und Sie werden sogleich die Bestätigung dafür finden, wenn Sie mir die Freude machen und mit mir kommen. Die beiden Männer, mit denen ich, wie Sie gesehen haben, zu tun hatte, sind zwei kleine Krautjunker aus der Gegend, die nichts taugen. Der eine ist Leibgardist, und der andere Gendarm; das heißt also, sie sind zwei Gauner. Vergangene Woche habe ich in einer Vienneser Wirtschaft hundert Louisdor von ihnen gewonnen. Da sie beide zusammen bei weitem nicht einmal den dreißigsten Teil besaßen, gab ich mich mit ihrem Ehrenwort zufrieden. Heute treffe ich sie wieder, ich verlange, was sie mir schulden... und Sie haben ja gesehen, in welcher Münze sie mir gezahlt haben."

Der brave Edelmann und ich beklagten gemeinsam sein zweifaches Unglück. Dann schlug er mir vor, aufzubrechen.

„Dank Ihrer Fürsorge fühle ich mich etwas besser", sagte Dalville. „Es wird Nacht. Wir wollen eine Unterkunft — etwa zwei Meilen von hier — aufsuchen. Von dort können wir vielleicht mit den Pferden, die wir morgen früh nehmen werden, noch am

gleichen Abend bei mir zu Hause sein." Fest entschlossen, den Beistand anzunehmen, den der Himmel mir offenbar sandte, helfe ich Dalville auf die Beine; unterwegs stütze ich ihn und wir bewegen uns auf Pfaden, fernab von allen bekannten Straßen, geradlinig auf die Alpen zu. Tatsächlich stoßen wir nach etwa zwei Meilen auf die von Dalville angekündigte Herberge. Munter und rechtschaffen essen wir gemeinsam zu Abend. Nach der Mahlzeit empfiehlt er mich der Wirtin, die mir an ihrer Seite ein Lager bereitet. Am nächsten Morgen erreichten wir auf zwei Mieteseln, denen ein Herbergsknecht zu Fuß das Geleit gab, die Grenze der Dauphiné, bewegten uns aber immer noch weiter auf das Gebirge zu. In seinem üblen Zustand konnte Dalville jedoch nicht den ganzen Weg bewältigen; auch ich war darüber nicht böse, denn ich fühlte mich, ob dieser ungewohnten Art zu reisen, gleichfalls recht unwohl. Wir stiegen in Virieu ab, wo mir mein Begleiter die gleichen Aufmerksamkeiten und Artigkeiten zuteil werden ließ wie am Vorabend. Am folgenden Morgen setzten wir unseren Marsch in immer derselben Richtung fort.
Um vier Uhr abends waren wir am Fuße des Gebirges. Jetzt wurde der Weg schier ungangbar. Wegen der Gefahren empfahl Dalville dem Maulesführer, nicht von meiner Seite zu weichen, und nun drangen wir in die Schlucht vor. Vier Meilen stiegen wir ohne Unterbrechung in Serpentinen aufwärts; wir hatten alle menschlichen Behausungen und Straßen so weit hinter uns gelassen, daß ich mir vorkam wie am Ende

der Welt. Unwillkürlich packte mich eine gewisse Un=
ruhe. Jetzt, hier zwischen unüberwindlichen Felswän=
den umherirrend, mußte ich an meinen Abstecher
in den Klosterwald von Sainte-Marie-des-Bois den=
ken, und infolge meiner neuerlichen Abneigung
gegen alle abgeschiedenen Orte überkam mich ein
Schaudern in dieser Einsamkeit. Endlich, am Rand
eines entsetzlichen Abgrundes, erblickten wir ein
Schloß. Wie es so auf dem Gipfel eines zerklüfteten
Felsens schwebte, glich es eher einem Geisterschloß
als einer menschlichen Wohnstätte. Das Schloß war
also zu sehen, aber kein Weg schien dorthin zu füh=
ren. Dennoch führte unser Pfad, der nur von Ziegen
begangen wurde und mit Steinen übersät war, in
unendlichen Windungen dort hinauf.
„Das ist mein Haus", sagte Dalville, als er annehmen
mußte, daß ich dasselbe erspäht hätte. Und als ich
mein Erstaunen darüber bekundete, daß er in dieser
Einsamkeit wohnte, entgegnete er ziemlich schroff,
man wohne eben da, wo man könne.
Ich war ebenso schockiert wie entsetzt über diesen
Ton. Im Unglück entgeht einem nichts. Ein mehr oder
minder betonter Wechsel im Tonfall desjenigen, von
dem wir abhängig sind, erstickt oder belebt die Hoff=
nung. Es war jedoch keine Zeit mehr umzukehren,
und so tat ich, als hätte ich nichts bemerkt. Plötzlich
lag das alte Gemäuer, da wir es umgangen hatten,
genau vor uns. Dalville stieg von seinem Maulesel
und forderte mich auf, dasselbe zu tun. Dann gab er
beide Tiere dem Knecht zurück und befahl ihm, um=

zukehren; das war etwas, das mir außerordentlich mißfiel. Dalville bemerkte meine Unruhe.

„Was haben Sie denn, Sophie?" fragte er, während wir zu Fuß auf sein Haus zuschritten, „Sie befinden sich keineswegs außerhalb Frankreichs, das Schloß steht zwar genau auf der Grenze der Dauphiné, aber es gehört noch dazu."

„Das mag sein, Monsieur", erwiderte ich. „Aber wie konnte es Ihnen nur in den Sinn kommen, sich in einem solchen Räubernest niederzulassen?"

„Oh, ein Räubernest ist das nicht", entgegnete Dalville und betrachtete mich jetzt, indem wir näher= kamen, mit heimtückischer Miene. „Das ist kein rich= tiges Räubernest, mein Kind. Aber es ist auch nicht gerade die Behausung von sonderlich ehrlichen Leuten."

„Ah, Monsieur", antwortete ich, „Sie jagen mir einen Schrecken ein. Wo führen Sie mich hin?"

„Ich führe dich in den Dienst von Falschmünzern, Dirne", sagte Dalville, packte mich beim Arm und schleppte mich mit Gewalt über die Zugbrücke, die man bei unserer Ankunft herabgelassen hatte und hinter uns gleich wieder emporzog. „Jetzt bist du angekommen", fügte er hinzu, als wir im Hof stan= den. „Siehst du den Brunnen dort?" fuhr er fort und wies auf eine große tiefe Zisterne neben dem Tor. Zwei nackte Frauen in Ketten hielten das Rad in Bewegung, das Wasser in ein Becken pumpte.

„Das sind deine Genossinnen und das ist deine Arbeit. Wenn du zwölf Stunden arbeitest und das

Rad drehst, wobei du jedesmal, wenn du anhältst, lang und heftig geschlagen wirst — wie deine Gefährtinnen —, so bekommst du sechs Unzen Schwarzbrot und einen Teller Bohnen pro Tag. Was deine Freiheit anlangt, so mußt du ihr entsagen. Du wirst den Himmel nie mehr wiedersehen. Wenn du vor Erschöpfung stirbst, so wirst du in das Loch dort neben dem Brunnen geworfen, auf einen Haufen von dreißig oder vierzig anderen, die schon dort liegen; es tritt dann eine neue an deine Stelle."
„Gerechter Himmel, Monsieur", rief ich aus und warf mich Dalville zu Füßen. „Bedenken Sie doch gütigst, daß ich Ihnen das Leben gerettet habe, daß Sie mir, einen Moment von Dankbarkeit gerührt, das Glück zu bieten schienen. Ein solches Los konnte ich wirklich nicht erwarten."
„Was verstehst du, bitte, unter dem Gefühl der Dankbarkeit, das du mir aufgezwungen zu haben glaubst?" sagte Dalville. „Du solltest vernünftiger darüber nachdenken, erbärmliches Geschöpf, warum du mir zu Hilfe gekommen bist. Zwischen der Möglichkeit, deinen Weg fortzusetzen und der, zu mir zu eilen, hast du, einer Regung deines Herzens folgend, die letztere gewählt ... Du hast dir also Befriedigung verschafft. Wie, zum Teufel, kommst du zu der Ansicht, ich sei dir zu Dank verpflichtet für die Befriedigung deiner Gelüste? Und wie konnte es dir je in den Sinn kommen, daß ein Mann meiner Art, der in Gold und Überfluß schwimmt, der Einkünfte von mehr als einer Million hat und sich mit der Absicht

trägt, seinen Reichtum in Venedig unbeschwert zu genießen, daß solch ein Mann sich herablassen könnte, eine Verpflichtung gegenüber einer elenden Person von deiner Sorte zu empfinden?

Selbst wenn ich dir das Leben verdanke, schulde ich dir nichts, denn du hast nur für dich selber gewirkt! An die Arbeit! Sklavin! An die Arbeit! Wisse, daß die Zivilisation zwar die Einrichtungen der Natur umgestürzt hat, ihre Rechte dabei jedoch unangetastet ließ. Die Natur hat von Anfang an starke und schwache Wesen erschaffen. Ihre Absicht war es, letztere immer den ersteren unterzuordnen, wie das Lamm dem Löwen, wie das Insekt dem Elefanten. Die Geschicklichkeit und die Intelligenz des Menschen haben die Stellung des Einzelnen gewandelt. Nicht mehr die physische Stärke bestimmte hinfort seinen Rang, sondern die Stärke, die er durch seine Reichtümer erlangte. Der Reichste wurde der Stärkste, der Ärmste wurde der Schwächste, aber ungeachtet der Ursache der Macht blieb die Priorität des Starken über den Schwachen gewahrt, wie es den Naturgesetzen entspricht; und es ist einerlei, ob die den Schwachen fesselnden Ketten von dem Reichsten — oder dem Stärksten — gehalten werden und ob sie den Schwächsten — oder den Ärmsten — erdrücken.

Diese Gefühle der Dankbarkeit, die du beanspruchst, Sophie, sind der Natur fremd. In ihren Gesetzen steht nichts davon, daß einer deshalb, weil ein anderer ihm zu seinem eigenen Vergnügen eine Gefälligkeit erweist, Veranlassung hätte, seine Rechte über diesen anderen aufzugeben. Hast du jemals bei den Tieren, die uns als Beispiel dienen, diese Empfindungen, deren du dich brüstest, beobachten können? Wenn ich dich durch meinen Reichtum oder durch meine Stärke beherrsche, ist es dann natürlich, daß ich dir meine Rechte abtrete, weil du dir entweder selber einen guten Dienst erwiesen hast, oder weil dich deine Schläue veranlaßt hat, mir zu dienen, um dich freizukaufen?

Und selbst wenn sich Gleichgestellte untereinander einen Dienst erweisen, wird sich eine erhabene Seele nie durch Dankbarkeit in ihrem Stolz kränken lassen. Ist jemand, der von dem anderen etwas bekommt, nicht stets gedemütigt und ist diese von ihm empfundene Erniedrigung dem anderen kein hinreichender Lohn für den erwiesenen Dienst? — Befriedigt es seinen Stolz etwa nicht, sich über Seinesgleichen zu erheben? Braucht er noch mehr, der Spender? Und wenn die Verpflichtung dem Empfangenden — da sie seinen Stolz kränkt — zur Last wird, mit welchem Recht könnte er dann gezwungen werden, diese Bürde noch weiterhin zu tragen? Warum sollte ich es zulassen, daß mich jedesmal die Blicke des Dankbarkeit Heischenden demütigen?

Statt ein Laster zu sein, ist Undankbarkeit also die Tugend stolzer Seelen, so sicher wie die Barmherzigkeit die Tugend schwacher Seelen ist. Der Sklave predigt seinem Herrn Barmherzigkeit, weil er deren bedarf; dieser aber wird von seinen Leidenschaften und von der Natur besser geleitet und darf sich nur

dem ergeben, was ihm dient oder was ihm schmei=
chelt. Man mag Gefälligkeiten erweisen, soviel man
will, aber man soll nichts dafür fordern, daß man
sich selber Befriedigung verschafft hat."
Dalville ließ mir keine Zeit, darauf zu antworten.
Zwei Knechte ergriffen mich auf seinen Wink hin,
rissen mir die Kleider vom Leib und ketteten mich
mit meinen beiden Gefährtinnen zusammen. Noch
am selben Abend mußte ich ihnen helfen, ohne daß
man mir erlaubt hätte, mich wenigstens von dem er=
müdenden Marsch zu erholen. Kaum hatte ich eine
Viertelstunde an dem verhängnisvollen Rad gearbei=
tet, als die ganze Falschmünzerbande nach vollbrach=
tem Tagewerk sich ringsherum aufstellte und mich,
der Chef voran, examierte. Alle überschütteten mich
mit sarkastischen und unverschämten Bemerkungen
hinsichtlich des Schandmals, das ich unschuldiger=
weise auf meinem Körper trug. Sie traten dicht her=
an, berührten mich überall in brutaler Weise und
übten mit beißenden Spötteleien Kritik an allem, was
ich ihnen unfreiwillig zur Schau stellte.
Nach dieser schmerzlichen Szene traten sie etwas zu=
rück. Dalville aber nahm eine immer in unserer Reich=
weite liegende Knotenpeitsche zur Hand und ver=
setzte mir weit ausholend fünf oder sechs Hiebe:
„So soll es dir immer ergehen, Spitzbübin", sagte
er dabei, „wenn du deiner Pflicht nicht nachkommen
willst. Jetzt schlage ich dich nicht, weil du sie ver=
nachlässigt hast, sondern nur, um dir zu zeigen, wie
ich Pflichtvergessene behandle."

Jeder Hieb zerfetzte meine Haut. Ich hatte noch nie so heftige Schmerzen empfunden, weder in den Händen Bressacs noch in denen der barbarischen Mönche. Laut schreiend wand ich mich unter meinen Ketten. Meine Körperverrenkungen und mein Gebrüll riefen nur das Gelächter der zuschauenden Ungeheuer hervor. Und ich hatte die grausige Genugtuung, auf diese Weise zu erfahren, daß es außer den Menschen, die sich — von Rache= oder unzüchtigen Lustgefühlen gelenkt — an dem Schmerz anderer ergötzen, auch solche gibt, die daran in ihrer barbarischen Veranlagung ebenso große Freude haben, nur weil ihr Hochmut oder eine gräßliche Neugierde befriedigt wird. Der Mensch ist also von Natur aus böse; er ist es im Rausche seiner Leidenschaften, und er ist es nicht minder, wenn diese ruhen; in jedem Fall kann ihm das Leid seines Mitmenschen zu einer schauderhaften Genugtuung werden.

Rund um diesen Brunnen lagen drei finstere, voneinander abgetrennte, kerkerartige, vergitterte Verschläge. Einer der Knechte, die mich gefesselt hatten, wies mir einen derselben an, und ich zog mich dorthin zurück, nachdem ich die mir zugedachte Portion Wasser, Bohnen und Brot von ihm entgegengenommen hatte. Dort endlich konnte ich mich ungestört dem Entsetzen über meine Lage hingeben.

„Ist es denn möglich", sagte ich mir, „daß es Menschen gibt, die so barbarisch sind, das Gefühl der Dankbarkeit in sich abzutöten: Diese Tugend, der ich mich mit soviel Freude hingäbe, wenn mir eine

ehrliche Seele dazu Veranlassung gäbe? Kann sie also von den Menschen verleugnet werden? Ist derjenige, der sie mit soviel Unmenschlichkeit erstickt, etwas anderes als ein Ungeheuer?"
Über diesen Betrachtungen, die ich mit Tränen vermischte, ging plötzlich meine Kerkertür auf. Es war Dalville. Ohne eine Silbe von sich zu geben, ohne ein einziges Wort zu sagen, stellt er die Kerze, die ihm leuchtet, zu Boden, stürzt sich wie ein wildes Tier auf mich, unterwirft mich seinen Begierden, wehrt meinen körperlichen Widerstand mit Schlägen ab, läßt auch meine seelische Abwehr unbeachtet, befriedigt sich brutal, nimmt das Licht wieder auf, verschwindet und verriegelt die Tür hinter sich.
„Wie", sagte ich mir, „kann das Verbrechen noch weiter getrieben werden? Und welcher Unterschied besteht zwischen einem solchen Menschen und dem ungezähmtesten Tier des Waldes?"
Mittlerweile geht die Sonne auf, ohne daß ich auch nur einen Augenblick Schlaf gefunden hatte. Unsere Kerker werden geöffnet, man kettet uns wieder und wir nehmen unsere triste Arbeit von neuem auf. Meine Gefährtinnen waren zwei Mädchen von fünfundzwanzig und dreißig Jahren. Obgleich durch das Elend abgestumpft und von dem Übermaß physischer Leiden entstellt, zeigten sie noch einige Spuren vergangener Schönheit. Ihre Figur war schön und wohlgeformt. Die eine hatte noch prachtvolles Haar. Aus einem traurigen Gespräch entnahm ich, daß die eine wie die andere zu verschiedenen Zeiten die Mätressen

von Dalville gewesen waren. Die eine in Lyon, die andere in Grenoble. Später habe er sie an diesen schauderhaften Ort geführt, wo sie noch einige Jahre auf gleichem Fuß mit ihm gelebt hätten; als Lohn für die ihm bereiteten Freuden habe er sie dann zu dieser demütigenden Arbeit verdammt.
Von ihnen erfuhr ich, daß er zur Zeit noch eine reizende Mätresse unterhielt. Diese sei vom Glück mehr begünstigt als sie selbst und werde ihn gewiß nach Venedig begleiten. Dorthin wolle er sich demnächst begeben, sofern er für die beträchtlichen Gelder, die er vor kurzem in Spanien deponiert hatte, die nötigen Wechselbriefe auf Italien bekam; denn sein Gold wollte er keinesfalls nach Venedig schaffen. Nie hatte er dorthin welches geschickt. Seine gefälschten Münzen gingen nur an Korrespondenten in Ländern, in denen er sich nicht niederzulassen gedachte. Wenn er dort, wo er wohnte, nur Geld von Wechselpapieren anderer Staaten in Händen hatte, konnte sein Unternehmen nicht auffliegen und sein Vermögen war sichergestellt. Freilich konnte noch jeden Augenblick etwas schiefgehen. Seine diesbezüglichen Pläne hingen gänzlich von dem Gelingen des letzten Geschäftes ab, in das er mit dem größten Teil seiner Schätze verwickelt war. Wenn Cadix seine falschen Piaster und Louisdore annahm und ihm dafür ausgezeichnete Papiere auf Venedig sandte, so war er für den Rest seiner Tage ein glücklicher Mann. Wenn der Betrug aufgedeckt wurde, mußte er damit rechnen, angezeigt und gehängt zu werden, wie er es verdiente.

"Ach", sagte ich, als ich diese Einzelheiten hörte, "einmal wird die Vorsehung doch gerecht sein. Sie wird es nicht zulassen, daß ein Unmensch seiner Art Glück hat; und dann werden wir alle drei gerächt."
Mittags gönnte man uns zwei Stunden Pause. Während der Zeit aßen und ruhten wir jeder für sich in unseren Kammern. Um zwei Uhr legte man uns wieder die Ketten an und ließ uns bis zum Abend das Rad drehen. Das Schloß selbst durften wir nie betreten. Daß man uns fünf Monate des Jahres nackt arbeiten ließ, geschah mit Rücksicht auf die bei dieser schweren Arbeit unerträgliche Hitze, aber auch deshalb — wie mir meine Gefährtinnen versicherten — weil wir den Hieben, die wir von Zeit zu Zeit von unserem wütigen Meister empfingen, so noch mehr ausgesetzt waren.
Im Winter gab man uns eine Hose und eine hautenge Weste, eine Art Trikot, das fest anlag und unseren Körper den Schlägen unseres Henkers in gleicher Weise darbot.
Am ersten Tag ließ sich Dalville nicht sehen; gegen Mitternacht aber kam er wieder und tat das gleiche wie am Vorabend. Ich wollte den Augenblick nutzen und flehte ihn um Milderung meines Schicksals an.
"Aber mit welchem Recht?" sagte der Barbar. "Etwa weil ich gern meine Laune für einen Augenblick an dir auslasse? Soll ich dich denn auf Knien um deine Gunst bitten, wofür du dann Entschädigung fordern könntest? Ich bitte dich um nichts... Ich nehme es mir, und es ist gar nicht einzusehen, warum ich, wenn

ich von einem Recht über dich Gebrauch mache, darauf verzichten sollte, auch ein zweites zu fordern. Meiner Tat liegt keine Liebe zugrunde. Diese Art Empfindung hat mein Herz nie gekannt. Ich bediene mich einer Frau aus Bedarf, so wie man zu einem anderen Zweck ein Gefäß benutzt. Da ich aber diesem von meinem Geld oder durch meine Autorität meinen Begierden unterworfenem Wesen weder Achtung noch Zärtlichkeit schenke, da ich das, was ich mir nehme, nur mir selber verdanke und von diesem Wesen nichts als Unterwerfung verlange, so sehe ich nicht ein, warum ich danach zu irgendwelcher Dankbarkeit ihr gegenüber Veranlassung haben sollte. Das würde bedeuten, daß ein Dieb, der einem Mann im Wald, dem er überlegen ist, die Börse entwendet, dem Betroffenen nun wegen des zugefügten Unrechts Dankbarkeit schuldete. Wenn man einer Frau Gewalt antut, ist es das gleiche. Das ist höchstens ein Grund, ihr eine weitere Beleidigung zuzufügen, niemals aber ein Anlaß, ihr eine Entschädigung zu gewähren."

Dalville, der sich an mir befriedigt hatte, verließ nach diesen Worten unvermittelt meine Kammer und stürzte mich in neue Betrachtungen, die, wie Sie mir glauben werden, nicht zu seinem Vorteil ausfielen. Am Abend nahm er unsere Arbeit in Augenschein, und da er der Meinung war, daß wir an diesem Tage nicht die übliche Menge Wasser geliefert hätten, ergriff er seine grausame Knotenpeitsche und schlug uns alle drei blutig, was ihn aber nicht daran hinderte, mich (die ich genausowenig verschont blieb wie die

anderen) in der folgenden Nacht wiederum heimzu=
suchen wie vorher.

Ich zeigte ihm die Wunden, mit denen er meinen Leib
bedeckt hatte, und ich war so kühn, ihn an die Zeit
zu erinnern, da ich mein Hemd zerriß, um seine Wun=
den zu verbinden. Aber Dalville ergötzte sich nur
daran und beantwortete meine Klagen mit einem
Dutzend Ohrfeigen; und sobald er sich befriedigt
hatte, ließ er mich wie gewöhnlich allein. Diese Be=
handlung setzte sich fast einen Monat lang fort. Da=
nach wurde mir von meinem Henker wenigstens die
eine Gnade zuteil, daß ich nicht mehr der schauer=
lichen Qual ausgesetzt war, ihn sich nehmen zu sehen,
was ihm so wenig zustand. Mein Leben aber änderte
sich nicht; ich wurde nicht mehr und nicht weniger
milde, auch nicht mehr und nicht weniger schlecht
behandelt.

Ein Jahr war in dieser grausamen Weise vergangen,
da verbreitete sich im Hause endlich die Nachricht,
daß nicht nur Dalvilles Glück gemacht sei, daß er
nicht nur die gewünschte riesige Menge von Wechsel=
papieren auf Venedig ausgestellt bekomme, sondern
daß man darüber hinaus noch einmal mehrere Milli=
onen in gefälschten Münzen angefordert habe, für
die ihm entsprechende Papiere zu seiner Verfügung
in Venedig geschickt werden sollten. Der Schurke
hätte kein glänzenderes und unerwarteteres Vermö=
gen machen können. Er nahm einen Betrag von mehr
als einer Million mit auf den Weg, wobei die zusätz=
lich zu erwartenden Gelder nicht mitgezählt sind. So

hatte die Vorsehung mir ein weiteres Beispiel gegeben, so wollte sie mich auf diese neue Weise abermals davon überzeugen, daß das Glück nur für das Verbrechen, und das Unglück nur für die Tugend bestimmt seien. Dalville traf seine Reisevorbereitungen. Am Vorabend um Mitternacht kam er und besuchte mich, was ihm schon lange nicht mehr eingefallen war. Er selbst erzählte mir von seinem Glück und von seiner Abreise. Ich warf mich ihm zu Füßen und beschwor ihn, mir die Freiheit zu schenken und mir ein wenig Geld nach seinem Gutdünken für den Weg nach Grenoble mitzugeben.

„Nach Grenoble? Dort würdest du mich nur anzeigen."

„Nun gut, Monsieur", sagte ich, seine Knie mit Tränen benetzend, „ich schwöre Ihnen, keinen Fuß dorthin zu setzen. Aber am besten überzeugen Sie sich davon und nehmen mich mit nach Venedig. Vielleicht finde ich dort weniger harte Herzen als in meinem Vaterland. Wenn Sie so gnädig sein wollen, mich mitzunehmen, so schwöre ich Ihnen bei allem, was mir heilig ist, Sie dort nie zu belästigen."

„Keine Hilfe, keinen Pfennig wirst du von mir bekommen", sagte der nichtswürdige Spitzbube hartherzig. „Alles, was sich Almosen oder Barmherzigkeit nennt, ist meinem Charakter so zuwider, daß ich mich — selbst wenn ich mit dreimal soviel Gold überhäuft worden wäre — nie und nimmer bereit fände, einem Armen auch nur einen Heller zu geben. Auf dieser Linie liegen meine Prinzipien, und ich werde nie davon abgehen. Der Arme gehört in die Ordnung der Natur. Da sie Menschen von ungleicher Stärke erschuf, hat sie uns von ihrer Absicht überzeugt, daß diese Ungleichheit bestehen bleiben soll, ungeachtet aller Veränderungen, die ihre Gesetze durch unsere Zivilisation erfahren mögen.

Der Arme ersetzt den Schwachen, das habe ich dir schon einmal gesagt. Ihm zu helfen hieße, die einmal gegebene Ordnung zerrütten. Das hieße, sich der Naturordnung widersetzen und das Gleichgewicht — die Grundlage ihrer erhabensten Einrichtungen — zerstören. Das hieße, für die einer Gesellschaft gefährliche Gleichheit eintreten und Trägheit und Faulenzertum begünstigen. Das hieße, den Armen zum Diebstahl ermuntern, wenn ihm der Reiche seine Hilfe zu versagen beliebt und zwar nur, weil der Arme sich daran gewöhnt, Unterstützung zu erlangen, ohne zu arbeiten."

„Oh, Monsieur, diese Prinzipien sind hart! Würden Sie so sprechen, wenn Sie nicht immer reich gewesen wären?"

„Es besteht kein Zweifel, daß ich es immer gewesen bin. Aber ich habe es auch verstanden, mein Schicksal zu meistern. Ich habe es verstanden, dieses Phantom von Tugend, das nirgendwo anders hinführt als zum Strick oder ins Armenhaus, mit Füßen zu treten. Ich habe frühzeitig erkannt, daß die Religion, die Barmherzigkeit und die Menschlichkeit für denjenigen, der sein Glück machen will, mit Sicherheit Hindernisse sind. Und ich habe mein Glück auf den

Trümmern menschlicher Vorurteile aufgebaut. Der göttlichen und der menschlichen Gesetze spottend, den Schwachen opfernd, wenn er sich mir in den Weg stellte, die Gutmütigkeit und Gutgläubigkeit der Mit= menschen mißbrauchend, den Armen ruinierend und den Reichen bestehlend, so habe ich den Tempel jener Gottheit erklommen, die ich verehre. Warum hast du es mir nicht gleichgetan? Dein Glück war in deinen Händen. Hat dich das Hirngespinst von Tugend, das du dem Glück vorzogest, über die von dir gebrachten Opfer hinweggetröstet? Es ist zu spät, Unselige, es ist zu spät. Weine über deine Fehler, leide und suche, ob du im Schoß der von dir verehrten Phantome wie= derfinden kannst, was du durch deine Gutgläubig= keit verloren hast."

Nach diesen grausamen Worten warf sich Dalville auf mich ... Aber ich hatte einen solchen Abscheu vor ihm, seine grauenhaften Maxime flößten mir so viel Haß ein, daß ich ihn hart zurückstieß. Er wollte Gewalt anwenden. Es gelang ihm nicht. Er vergalt es mit Grausamkeiten. Ich wurde mit Schlägen über= schüttet, aber er besiegte mich nicht. Das Feuer er= losch ohne Erfolg, und die Tränen des Wahnsinnigen rächten mich endlich für seine Beleidigungen.

Am nächsten Tag lieferte uns der Unselige vor seinem Weggang eine neue Szene voller Grausamkeit und Barbarei, für die sich in den Annalen eines Androni= kus, eines Nero, eines Wenzeslaus und eines Tiberius kein Beispiel findet. Alle glaubten, seine Mätresse würde mit ihm gehen, und er habe sie deshalb ein

schönes Gewand anlegen lassen. Aber ehe er das Pferd bestieg, führte er sie zu uns:
„Hier ist dein Platz, niederträchtiges Geschöpf", sagte er und befahl ihr, sich auszukleiden. „Meine Kameraden sollen sich an mich erinnern. Darum lasse ich ihnen als Pfand die Frau zurück, in die sie mich am meisten verliebt glaubten. Da hier aber nur drei gebraucht werden... da ich einen gefährlichen Gang vor mir habe, bei dem ich meine Waffen vielleicht werde gebrauchen müssen, will ich meine Pistolen an einer von euch versuchen."
Indem er das sagt, lädt er eine Waffe, zielt auf die Brust einer jeden der drei das Rad drehenden Frauen und entscheidet sich schließlich für eine seiner früheren Mätressen: „Fahre hin", sagt er, ihr eine Kugel durch den Kopf jagend, „fahre hin und bringe Kunde von mir in die andere Welt. Sage dem Teufel: Dalville, der reichste aller Schurken auf Erden, habe die Hand des Teufels und die des Himmels so verwegen herausgefordert wie kein anderer vor ihm."
Die Unglückliche stirbt jedoch nicht gleich, sondern sie wälzt sich noch lange in ihren Ketten: Ein grauenhaftes Schauspiel, an dem der Schändliche sich genießerisch weidet. Endlich läßt er sie von seiner Mätresse ablösen. Er will dieselbe drei oder vier Runden drehen sehen und ihr ein Dutzend Peitschenhiebe mit eigener Hand verabreichen. Nachdem er all diese Grausamkeiten vollbracht hat, besteigt der abscheuliche Mensch sein Pferd und entschwindet, gefolgt von zwei Dienern, für immer unseren Augen.

Schon am Tage nach Dalvilles Abreise änderte sich alles. Sein Nachfolger, ein sanfter und verständiger Mann, ließ uns sogleich frei.

„Das ist keine Arbeit für das schwache und sanfte Geschlecht", sagte er gütig. „Diese Maschine muß von Tieren bedient werden. Unser Metier ist schon verbrecherisch genug, auch ohne daß man das höchste Wesen durch unnötige Grausamkeiten verletzt."

Er brachte uns im Schloß unter und ließ Dalvilles Mätresse ohne eigennützige Absichten wieder ihren häuslichen Beschäftigungen nachgehen. Uns, meiner Gefährtin und mir, gab er im Atelier zu tun beim Prägen der Geldmünzen, einer Betätigung, die bei weitem weniger anstrengend war. Als Entgelt bekamen wir sehr schöne Zimmer und ausgezeichnetes Essen. Nach zwei Monaten berichtete Roland, der Nachfolger Dalvilles, von der glücklichen Ankunft seines Kollegen in Venedig. Er hatte sich dort niedergelassen, sein Vermögen realisiert und genoß nun all den gepriesenen Reichtum.

Sein Nachfolger hätte dasselbe Schicksal verdient. Der unglückselige Roland war aber ein rechtschaffener Mann, und das war mehr, als er brauchte, um schleunigst zugrunde zu gehen. Eines Tages, während alles ruhig und friedlich war — denn unter der Obhut dieses gutmütigen Meisters wurde die Arbeit, wenn sie auch krimineller Natur war, stets mit leichter Hand und freudig getan — wurden plötzlich die Mauern des Schlosses umstellt und — mangels eines Brückenübergangs — die Gräben überklettert, und ehe unsere Leute Zeit hatten, an ihre Verteidigung zu denken, war das Haus von über hundert berittenen Polizisten besetzt. Wir mußten uns ergeben; man kettete uns wie die Tiere, band uns auf Pferde und führte uns nach Grenoble.

„O Himmel", sagte ich, als wir diesen Ort erreichten, „welcher Wahnsinn gab mir den Glauben ein, daß mir in dieser Stadt das Glück blühen müßte!"

Den Falschmünzern wurde bald der Prozeß gemacht; sie wurden samt und sonders zum Tode durch den Strang verurteilt. Als man mein Schandmal entdeckte, sparte man sich fast die Mühe, mich zu verhören; ich sollte wie die anderen verurteilt werden. Aber da versuchte ich das Mitleid jenes berühmten Meisters zu erwecken, der dem Gericht alle Ehre macht, das Mitleid jenes integren Richters, beliebten Bürgers und aufgeklärten Philosophen, dessen Milde und Menschlichkeit seinen berühmten und ehrwürdigen Namen im Tempel der Erinnerung eingraben wird.

> Gemeint ist Joseph-Michel Antoine Servant, Richter und Philosoph, den Sade wahrscheinlich im Frühjahr 1774 in Grenoble kennengelernt hatte.
> (Anm. d. Red. nach Maurice Heine.)

Er hörte mich an ... Er tat mehr als das. Von meiner Zuverlässigkeit und der Wahrheit meines Unglücks überzeugt, ließ er sich herab, mich durch seine eigenen Tränen zu trösten. Oh, großer Mann! Ich schulde dir Ehrfurcht! Gestatte meinem Herzen, sie dir zu bezeigen. Die Dankbarkeit einer Unglück=

lichen fällt dir nicht zur Last; der Tribut, den sie dir — deinem Herzen huldigend — zollt, wird ihrem Herzen indessen stets eine süße Wonne sein.

Herr S. selbst wurde mein Anwalt. Meine Klagen fanden Gehör, mein Jammern stieß auf seelenvolles Verständnis, meine Tränen benetzten Herzen, die nicht hart wie Bronze, sondern durch seinen Edelmut aufgeschlossen waren. Die Zeugenaussagen der vor der Hinrichtung stehenden Verbrecher fielen zu meinen Gunsten aus und unterstützten den Eifer des Mannes, der sich meiner Sache angenommen hatte. Ich wurde für unschuldig verführt erklärt, von aller Anklage reingewaschen und entlastet; ich hatte die volle und ganze Freiheit, zu tun, was ich wollte. Mehr noch, mein Beschützer veranstaltete darüber hinaus eine Sammlung für mich, die mir an die hundert Pistolen einbrachte. Endlich winkte mir das Glück; meine Vorahnung schien sich zu erfüllen; ich glaubte das Ende meines Leidens nah. Doch es gefiel der Vor= sehung, mich davon zu überzeugen, daß ich noch sehr weit davon entfernt sei.

Nach der Entlassung aus dem Gefängnis hatte ich mich in einer Herberge gegenüber der Isèrebrücke eingemietet, wo ich angeblich zuverlässig unterge= bracht war. Ich hatte dem Rate von Herrn S. folgend die Absicht, eine Stellung in dieser Stadt zu suchen oder, falls mir dies nicht gelingen sollte, mit einigen Empfehlungsschreiben, die er mir gütigerweise geben wollte, nach Lyon zurückzukehren. Ich speiste in der Herberge an der sogenannten Wirtstafel. Schon am

zweiten Tag bemerkte ich, daß ich von einer üppigen, vornehm gekleideten Dame, die sich Baronesse titu= lieren ließ, sehr scharf beobachtet wurde. Als ich sie meinerseits musterte, glaubte ich sie wiederzuerken= nen. Wir traten wortlos aufeinander zu und umarm= ten uns wie zwei Leute, die sich kennen, ohne zu wis= sen, woher. Schließlich nahm die dicke Baronesse mich beiseite und sagte: „Sie sind doch Sophie, wenn ich mich nicht täusche? Das Mädchen, das ich vor zehn Jahren aus dem Gefängnis gerettet habe? Kön= nen Sie sich nicht mehr an die Dubois erinnern?"
Diese Entdeckung war wenig erbaulich für mich, doch ich antwortete höflich. Aber ich hatte es mit der raffiniertesten und geschicktesten Frau Frankreichs zu tun. Es gab kein Mittel, ihr zu entrinnen. Die Dubois überschüttete mich mit Aufmerksamkeiten. Sie habe — wie die ganze Stadt — meine Sache aufmerksam verfolgt, ohne dabei freilich zu ahnen, daß es sich um mich handelte. Schwach wie immer, ließ ich mich auf das Zimmer dieser Frau führen, wo ich ihr von meinem Unglück erzählte.
„Liebe Freundin", sagte sie, mich abermals umar= mend, „ich wollte dich vertraulich sprechen, weil du erfahren sollst, daß mein Glück gemacht ist und alles, was ich habe, zu deiner Verfügung steht."
„Schau her", sagte sie und öffnete gold= und dia= mantengefüllte Kassetten, „das ist die Frucht meines Fleißes. Hätte ich der Tugend gehuldigt wie du, so hinge ich heute am Galgen oder ich säße im Kerker."
„Oh, Madame", erwiderte ich, „das alles verdanken

Sie nur dem Verbrechen? Die Vorsehung wird letzten Endes Gerechtigkeit üben und Sie diese Schätze nicht lange genießen lassen."

„Irrtum", sagte die Dubois. „Bilde dir nur nicht ein, daß die Vorsehung stets die Tugend begünstigt. In einem kurzen Augenblick des Wohlergehens darfst du doch dieser Täuschung nicht erliegen! Die Gesetze der Vorsehung werden nicht dadurch beeinträchtigt, daß der eine lasterhaft ist und der andere sich der Tugend verschreibt. Die Vorsehung ist auf ein glei=
ches Maß an Laster und Tugend angewiesen, und ob der einzelne das eine oder das andere übt, ist für die Vorsehung die gleichgültigste Sache der Welt.
Hör zu, Sophie, hör mir aufmerksam zu; denn du bist intelligent und ich möchte dich endlich überzeu=
gen. Nicht von der Wahl des Lasters oder der Tugend hängt es ab, meine Liebe, ob der Mensch das Glück findet. Denn die Tugend ist wie das Laster nur eine bestimmte Art und Weise, sich im Leben zu verhal=
ten. Es ist nicht von Bedeutung, ob man das erstere oder das letztere besonders nachdrücklich anstrebt; es ist vielmehr wichtig, der allgemeinen Bahn zu fol=
gen. Wer aus der Reihe tanzt, hat immer unrecht.
In einer gänzlich tugendhaften Welt würde ich dir zur Tugend raten; denn da würden die Belohnungen von der Tugendhaftigkeit abhängen, und also wäre auch das Glück unfehlbar damit verbunden. In einer gänzlich verderbten Welt aber rate ich dir nur immer zum Laster. Wer sich nicht den anderen anschließt, geht unfehlbar zugrunde: Jeder, dem er begegnet,

stößt ihn um, und da er der Schwächere ist, muß er zwangsläufig zerbrechen.
Vergeblich bemühen sich die Gesetze, die Ordnung wiederherzustellen und die Menschen zur Tugend zurückzuführen. Sie sind viel zu mangelhaft für ein solches Unternehmen und viel zu schwach, sich durch= zusetzen. Vielleicht bringen sie den Menschen dazu, einen Augenblick vom ausgetretenen Weg abzuwei= chen; auf die Dauer aber wird er ihn nie verlassen. Wenn das allgemeine Interesse die Menschen zur Korruption verleitet, so kämpft derjenige, der sich nicht mit der Mehrzahl verderben lassen möchte, gegen das allgemeine Interesse an. Und welches Glück kann schon derjenige erwarten, der immer und ewig die Interessen der anderen stört? Du wirst mir sagen, es sei das Laster, das die Interessen der Menschen stört. Ich stimme dir zu, soweit es sich um eine Welt handelt, die sich zu gleichen Teilen aus Lasterhaften und Tugendhaften zusammensetzt; denn dann wird das Interesse der einen von dem der anderen offen= kundig verletzt ... Anders ist es aber in einer gänz= lich verderbten Gesellschaft: Dann beleidigen näm= lich meine Laster einen Lasterhaften und bestimmen ihn zu anderen Lastern, die ihn entschädigen, und so sind wir alle beide glücklich.
Alles gerät in Schwingung, die Zusammenstöße und wechselseitigen Benachteiligungen häufen sich; da aber jeder im gleichen Augenblick zurückgewinnt, was er verloren hat, so befindet er sich unablässig in einer glücklichen Lage. Gefährlich wird das Laster

nur der Tugend. Schwach und schüchtern wie diese ist, wagt sie nichts; sie verdient vielmehr von der Erde verbannt zu werden. Wenn das Laster nur mehr den Lasterhaften verletzt, wird es nicht mehr stören; es wird nur andere Laster hervorbringen, aber keinen Durst auf Tugenden erregen.

Man könnte mir die guten Taten der Tugend entgegenhalten? Auch das ist eine Spitzfindigkeit. Sie dienen keinem sonst außer dem Schwachen. Aber für den, der kraft seiner Energie sich selbst genügt und nur seiner eigenen Geschicklichkeit bedarf, um die Launen des Schicksals zurechtzuweisen, für den sind sie nutzlos. Wie konntest du etwas anderes erwarten, als dein ganzes Leben lang zu scheitern, mein liebes Mädchen? Nachdem du stets gegen den allgemeinen Strom geschwommen warst? Hättest du dich von der Strömung mitreißen lassen, so hättest du den Hafen gefunden wie ich. Kann jemand, der flußaufwärts steuert, ebenso schnell ans Ziel gelangen wie einer, der flußabwärts fährt? Der eine will sich der Natur widersetzen, der andere ergibt sich ihr. Du redest ständig von der Vorsehung. Wer beweist dir aber, daß sie die Ordnung und demzufolge die Tugend liebt? Liefert sie dir nicht unablässig Beispiele ihrer Ungerechtigkeit und ihrer Regellosigkeit? Bekundet sie — in deinen Augen — ihre außerordentliche Liebe für die Tugend etwa dadurch, daß sie den Menschen Krieg, Pest und Hungersnöte schickt oder daß sie ein allenthalben verderbtes Universum geschaffen hat? Und warum sollten ihr lasterhafte Personen mißfal=

len, da sie doch selber nur durch das Laster wirkt, da alles in ihrem Willen und an ihren Werken Laster ist und Verderbtheit, da alles daran Verbrechen ist und Unordnung?

Und von wem haben wir im übrigen diesen Hang zum Bösen? Ist er uns nicht von ihrer Hand verliehen worden? Gibt es etwa irgendwelche unserer Wünsche und Empfindungen, die nicht von ihr stammen? Ist es da noch vernünftig zu behaupten, sie könnte uns Neigungen zugestehen oder verleihen zu irgend etwas, das ihr nicht nützlich ist? Wenn der Natur also das Laster dienlich ist, warum sollten wir uns ihm dann noch widersetzen? Mit welchem Recht könnten wir dann noch auf die Beseitigung der Laster hinwirken und aus welchem Anlaß sollten wir uns ihrer Stimme widersetzen?

Eine größere philosophische Einsicht wird bald alles auf Erden an seinen rechten Platz rücken und den Gesetzgebern und Richtern zu erkennen geben, daß die Laster, die sie tadeln und streng bestrafen, zuweilen einen viel höheren Grad an Nützlichkeit besitzen als die Tugenden, die sie predigen, ohne dieselben je zu belohnen."

„Wenn ich nun schwach genug wäre, Madame", erwiderte ich dieser Verführerin, „mich Ihren entsetzlichen Systemen zu beugen, wie würde es Ihnen dann gelingen, die jeden Augenblick in meinem Herzen entstehenden Gewissensbisse zu ersticken?"

„Gewissensbisse sind ein Hirngespinst, Sophie", entgegnete die Dubois, „sie sind nichts als das törichte

Murmeln einer allzu schwachen Seele, die sie nicht abzutöten wagt."

„Abtöten? Kann man denn das?"

„Nichts ist leichter als das: Man bereut nur das, was man nicht gewohnt ist zu tun. Wiederhole oft, was dir Gewissensbisse verschafft, und es wird dir gelingen, dieselben auszulöschen. Setze ihnen die Flamme der Leidenschaft und die mächtigen Gesetze des Eigennutzes entgegen, und du wirst sie sehr bald zerstreut haben. Skrupel sind kein Beweis für ein Verbrechen, sondern nur das Kennzeichen einer leicht zu unterjochenden Seele. Wenn du den absurden Befehl bekämst, dieses Zimmer jetzt nicht zu verlassen, so würdest du dich nicht ohne Gewissensbisse hinausbegeben können, obgleich feststeht, daß du damit nichts Böses tätest.

Es ist also nicht wahr, daß nur das Verbrechen Gewissensbisse verursacht. Wenn man sich aber von der Nichtigkeit der Verbrechen überzeugt hat oder von der Tatsache, daß sie, dem allgemeinen Plan der Natur entsprechend, notwendig sind, so dürfte es nach einem verübten Verbrechen ebenso einfach sein, die Gewissensbisse zu besiegen, wie es dir leichtfallen würde, aufkommende Skrupel zu ersticken, wenn du einem illegalen Befehl zuwiderhandelnd dieses Zimmer verließest. Wir müssen mit einer genauen Analyse all dessen beginnen, was die Menschen Verbrechen nennen; wir müssen uns erst einmal davon überzeugen, daß das, was sie mit diesem Wort bezeichnen, nur die Verletzung ihrer Gesetze und ihrer na=

tionalen Bräuche ist; daß das, was in Frankreich ein sogenanntes Verbrechen ist, einige hundert Meilen von hier aufhört, ein solches zu sein; daß es keine Tat gibt, die wirklich auf der ganzen Erde allgemein als Verbrechen gewertet wird, und daß demzufolge keine Tat vernünftigerweise den Namen Verbrechen verdient. Das alles ist nichts als eine Frage der Aus=
legung und der Geographie.

Unter dieser Voraussetzung ist es also absurd, Tu=
genden üben zu wollen, die anderswo als Laster gelten, und Verbrechen zu meiden, die in einer an=
deren Klimazone als gute Taten gewertet werden. Jetzt frage ich dich, ob diese vernünftig durchdachte Untersuchung demjenigen noch Gewissensbisse er=
laubt, der – zu seinem Vergnügen oder aus Eigen=
nutz – in Frankreich eine chinesische oder japanische Tugend übt, die in seinem Vaterland verpönt ist? Wenn er auch nur etwas philosophischen Geist be=
sitzt, könnte ihn dann diese verächtliche Unterschei=
dung noch hemmen oder Gewissensbisse bei ihm her=
vorrufen? Wenn nun aber die Skrupel nur Selbstwehr sind, ja, wenn sie nur entstehen, weil die Zügel ab=
geworfen wurden, und nicht etwa wegen der Tat selbst, ist es dann vernünftig, sie künstlich aufrecht=
zuerhalten? Ist es dann nicht absurd, sie nicht so=
gleich auszulöschen?

Man sollte sich daran gewöhnen, eine Tat, die Ge=
wissensbisse hervorruft, auf Grund eines besonne=
nen Studiums der Sitten und Gebräuche aller Völker der Erde als belanglos zu betrachten. Dieser Über=

legung folgend, sollte man jede beliebige Tat sooft wie möglich wiederholen. Die Flamme der Vernunft wird alsbald die Gewissensbisse zerstreuen und diese dunkle Regung — Frucht des Unwissens, des Kleinmuts und der Erziehung — vernichten.

Seit dreißig Jahren, Sophie, führt mich eine ewige Verkettung von Lastern und Verbrechen Schritt für Schritt dem Glück zu. Ich stehe nahe vor seiner Vollendung. Noch zwei oder drei glückliche Streiche und ich vertausche das elende Betteldasein, in das ich hineingeboren wurde, mit einer Rente von über fünfzigtausend Pfund. Meinst du etwa, während dieser glänzenden Karriere hätten die Gewissensbisse mich ein einziges Mal ihre Stacheln spüren lassen? Glaube nur das nicht! Ich habe sie nie gekannt und sollte mich eine entsetzliche Schicksalswendung vom Gipfel in den Abgrund stürzen, so werde ich auch dann den Gewissensbissen nicht Raum geben. Ich werde über die Menschen und über meine Ungeschicklichkeit klagen, aber mit meinem Gewissen werde ich immer in Frieden bleiben."

„Gut, aber jetzt lassen Sie mich einen Moment nach den gleichen philosophischen Prinzipien argumentieren, denen Sie huldigen. Mit welchem Recht wollen Sie fordern, daß mein Gewissen so fest sei wie das Ihrige, zumal es nicht gewohnt war, von Kindheit an dieselben Vorurteile zu bekämpfen? Mit welchem Recht fordern Sie, daß mein Geist, der nicht wie der Ihrige funktioniert, dieselben Systeme anerkennen soll? Sie geben zu, daß es eine Summe von

Schlechtem und von Gutem in der Natur gibt, und daß es demzufolge eine Anzahl von Wesen geben muß, die das Gute üben und eine andere Klasse, die sich dem Bösen ergibt. Die Partei, die ich ergreife, ist also — sogar in Übereinstimmung mit Ihren Prinzipien — in der Natur begründet. Verlangen Sie also nicht, daß ich mich von den Regeln entferne, die sie mir vorschreibt. So wie Sie vorgeben, in der von Ihnen verfolgten Laufbahn Ihr Glück zu finden, ist es mir unmöglich, diesem Glück außerhalb meiner Bahn zu begegnen. Übrigens sollten Sie sich nicht einbilden, daß das wache Auge der Gesetze denjenigen lange ungeschoren läßt, der sie übertritt. Hat sich das nicht soeben vor Ihren eigenen Augen bestätigt? Von den fünfzehn Halunken, mit denen ich unglücklicherweise zusammengehaust habe, konnte sich einer retten, die übrigen vierzehn sind schändlich zugrunde gegangen."

„Und das nennst du ein Unglück? Für den, der keine Prinzipien mehr hat, ist diese Schande ohne jedes Interesse. Wenn man über alles hinaus ist, wenn Ehre nur noch ein Vorurteil, wenn das gute Ansehen eine Chimäre und die Zukunft eine Illusion ist, dann ist es auch einerlei, ob man auf diese Weise stirbt oder in seinem Bett. Es gibt zwei Arten von Schurken auf der Welt. Den einen schützt ein riesiges Vermögen — oder vielmehr ein märchenhaftes Ansehen — vor diesem tragischen Ende, der andere kann diesem Ende nicht entgehen, wenn er gefaßt wird. Letzterer — unvermögend geboren — kann, wenn er

Geist hat, nur zwei Möglichkeiten in Betracht ziehen: das Glück oder das Rad. Wenn ihm das erstere hold ist, erreicht er, was er sich gewünscht hat. Wenn ihn das andere erwischt, so kann er sich kaum beklagen, denn er hat ja nichts verloren!

Allen Schurken gegenüber sind die Gesetze also null und nichtig. Wer mächtig ist, den belangen sie nicht. Wer glücklich ist, entzieht sich ihnen. Und für den Unglücklichen, der ohnehin nichts anderes zu erwarten gewohnt ist als ihr Schwert, für den sind sie kein Schrecken."

„Glauben Sie etwa, auch im Jenseits würde derjenige, der nicht vor dem Verbrechen zurückschreckt, von der Gerechtigkeit nicht ereilt werden?"

„Ich glaube, wenn es einen Gott gäbe, würde es nicht soviel Böses auf Erden geben. Ich glaube, wenn das Böse auf Erden existiert, so ist diese Unordnung entweder eine Notwendigkeit für Gott oder es geht über seine Kräfte, sie zu verhindern. Vor einem Gott aber, der entweder schwach oder bösartig ist, habe ich keine Furcht; ich trotze ihm ohne Angst und verlache seinen Zorn."

„Sie machen mich schaudern, Madame", sagte ich und erhob mich. „Verzeihen Sie mir; ich kann Ihre verabscheuenswerten Sophismen und Ihre verhaßten Gotteslästerungen nicht länger mit anhören."

„Warte, Sophie! Wenn ich schon deinen Verstand nicht überzeugen kann, so will ich wenigstens dein Herz verführen. Ich brauche dich. Versage mir nicht deine Hilfe. Hier sind hundert Louisdor. Ich lege

sie vor deinen Augen zur Seite. Sie gehören dir, sobald der Coup gelungen ist."
Ich gehorchte meiner natürlichen Neigung, Gutes zu tun, und fragte die Dubois sogleich, worum es ginge; ich wollte mit allen Kräften dem von ihr geplanten Verbrechen entgegenwirken.
„Es geht um folgendes", erklärte sie, „hast du den jungen Kaufmann aus Lyon beachtet, der seit drei Tagen mit uns am Tisch ißt?"
„Wen, Dubreuil?"
„Richtig."
„Und?"
„Er ist in dich verliebt, das hat er mir gestanden. In einer kleinen Kassette neben seinem Bett hat er sechshunderttausend Franken, teils in Gold, teils in Papieren. Ich will diesen Mann glauben machen, du seiest bereit, ihn zu erhören. Ob das stimmt oder nicht, kann dir egal sein. Ich werde ihn veranlassen, dich zu einem Spaziergang vor die Stadt einzuladen; ich werde ihm einreden, er solle bei dieser Gelegen=heit seine Sache mit dir vorantreiben. Du vergnügst ihn und hältst ihn solange wie möglich draußen fest. Unterdessen werde ich ihn bestehlen. Aber ich werde auf keinen Fall fliehen, sondern noch in Grenoble weilen, wenn sein Geld schon lange in Turin ist. Wir werden alle nur erdenkliche List anwenden, ihn keinen Verdacht auf uns werfen zu lassen. Wir tun so, als unterstützten wir ihn bei seinen Nachfor=schungen. Inzwischen wird dann meine Abreise an=gekündigt; das erregt keinerlei Aufsehen. Du folgst

mir nach, und wenn wir beide in Piemont angekom=
men sind, erhältst du deine hundert Louisdor aus=
gezahlt."

„Ich will es tun, Madame", sagte ich zu der Dubois,
fest entschlossen, den unglücklichen Dubreuil vor
dem infamen Streich, den man ihm spielen wollte,
zu bewahren.

Und um die Schurkin besser zu täuschen, fügte ich
hinzu: „Aber bedenken Sie, Madame, wenn Dubreuil
in mich verliebt ist, so kann ich ihn warnen oder
mich an ihn verkaufen und einen viel größeren Profit
daraus erzielen als das bißchen, was Sie mir für den
Verrat offerieren."

„Das ist wahr", sagte die Dubois. „Ich fange wirk=
lich an zu glauben, daß der Himmel dir ein viel
größeres Talent zum Verbrechen verliehen hat als
mir. Nun schön", fuhr sie schreibend fort, „hier ist
mein Billett über tausend Louisdor; wage es jetzt
noch abzulehnen!"

„Ich werde mich hüten, Madame", sagte ich, das Bil=
lett entgegennehmend. „Aber Sie dürfen es nur mei=
nem unglücklichen Zustand zuschreiben, daß ich so
schwach bin und den Fehler begehe, Ihren Wunsch
zu befriedigen."

„Ich wollte deiner Vernunft ein Lob aussprechen",
sagte die Dubois, „aber du möchtest lieber, daß ich
dein Unglück dafür verantwortlich mache. Ganz wie
du willst; sei mir zu Diensten, und du wirst zufrie=
den sein."

Alles war abgemacht. Noch am gleichen Abend zeigte

ich mich Dubreuil etwas freundlicher und merkte in der Tat, daß er etwas für mich übrig zu haben schien. Meine Lage war mehr als unangenehm. Ich war natürlich weit davon entfernt, mich für das ersonnene Verbrechen herzugeben, selbst wenn ich dreimal soviel Geld damit hätte verdienen können. Aber es widerstrebte mir auch über die Maßen, eine Frau an den Galgen zu bringen, der ich vor zehn Jahren die Freiheit verdankt hatte. Ich wollte das Verbrechen verhindern, ohne Anzeige zu erstatten, und bei jeder anderen wäre mir das gelungen, nur nicht bei einer so abgefeimten Schurkin, wie die Dubois es war. Unwissend, daß die geheimen Anstalten dieses abscheulichen Geschöpfes nicht nur das ganze Gebäude meiner ehrlichen Pläne zerstören, sondern mich für mein Vorhaben obendrein strafen würden, hatte ich also folgendes beschlossen: Am Tage, der für den geplanten Spaziergang vorgesehen war, lud die Dubois uns beide zum Mittagessen auf ihr Zimmer ein. Wir nahmen die Einladung an. Nach dem Essen stiegen Dubreuil und ich die Treppen hinunter, um nach dem Wagen zu sehen, den man uns zur Verfügung stellen wollte. Die Dubois hatte uns nicht begleitet, und so war ich, bevor wir den Wagen bestiegen, einen Moment lang mit Dubreuil allein.

„Monsieur", sagte ich eiligst, „hören Sie mir aufmerksam zu. Sie dürfen kein Aufsehen erregen, und vor allem müssen Sie sich genau an das halten, was ich Ihnen sage. Haben Sie einen zuverlässigen Freund in der Herberge?"

„Ja. Ich habe einen jungen Kompagnon dabei; auf den kann ich mich so gut verlassen wie auf mich selber."

„Schön, dann veranlassen Sie ihn sofort, sich während der ganzen Zeit unseres Spaziergangs nicht eine einzige Sekunde aus Ihrem Zimmer zu entfernen."

„Aber ich habe doch meinen Zimmerschlüssel in der Tasche. Wozu diese übertriebene Vorsicht?"

„Es ist wichtiger als Sie glauben, Monsieur, bitte tun Sie es; sonst gehe ich nicht mit Ihnen aus. Die Frau, von der wir eben kommen, ist eine Schurkin. Sie hat unsere Verabredung nur arrangiert, um Sie während unserer Abwesenheit ungehindert bestehlen zu können. Beeilen Sie sich, Monsieur, sie beobachtet uns, sie ist gefährlich; es darf nicht so aussehen, als warnte ich Sie. Geben Sie Ihrem Freund schnell den Schlüssel. Er soll sich möglichst mit noch anderen Leuten in Ihrem Zimmer aufhalten, und die ganze Gesellschaft soll nicht vom Platz weichen, bis wir wiederkommen. Alles übrige werde ich Ihnen erklären, wenn wir im Wagen sitzen."

Dubreuil gehorcht mir, er drückt mir die Hand zum Dank und eilt davon, um meiner Empfehlung entsprechende Anweisungen zu geben. Er kehrt wieder, wir brechen auf und unterwegs erkläre ich ihm das Abenteuer. Der junge Mann bekundet mir alle nur mögliche Dankbarkeit für den erwiesenen Dienst, und nachdem er mich beschworen hatte, mich ganz offen über meine Situation auszusprechen, versicherte er mir, nichts von alledem, was ich ihm erzählt habe, könne ihn davon abhalten, mir seine Hand und sein Vermögen zu bieten.

„Wir sind gleichen Standes", sagte Dubreuil. „Ich stamme wie Sie aus einer Kaufmannsfamilie. Meine Angelegenheiten haben sich zum Guten entwickelt, Ihre haben sich zum Schlechten gewendet. Ich bin in der überaus glücklichen Lage, das von einem launi=schen Glück an Ihnen begangene Unrecht wiedergut=machen zu können. Überlegen Sie es sich, Sophie, ich bin mein eigener Herr und von niemandem ab=hängig. Ich reise nach Genf, um dort die beträcht=lichen Summen anzulegen, die mir durch Ihre War=nung erhalten blieben. Kommen Sie mit. Nach unse=rer Ankunft heiraten wir, und erst als meine Frau werden Sie wieder in Lyon erscheinen."

Ein solches Abenteuer war viel zu verlockend für mich, als daß ich gewagt hätte, es abzulehnen. Aber es stand mir auch nicht zu, es anzunehmen, ohne Dubreuil an all das zu gemahnen, das ihn diesen Schritt bereuen lassen konnte. Er wußte mir Dank für mein Zartgefühl, bedrängte mich aber nur noch heftiger... Unglückliches Geschöpf, das ich war. Mußte es denn immer wieder so sein, daß das Glück mir nur winkte, um meinen Kummer über seine Unerreichbarkeit zu vertiefen? War es denn ein un=umstößlicher Ratschluß der Vorsehung, daß jede Tu=gend, die meiner Seele entströmte, mich ins Verder=ben stürzen sollte? Unser Gespräch hatte uns schon zwei Meilen aus der Stadt geführt und wir wollten aussteigen, um die frische Luft auf einem Spazier=

gang durch die Alleen längs der Isère zu genießen, da plötzlich sagte Dubreuil zu mir, es sei ihm entsetzlich übel... Er steigt aus, muß sich gräßlich erbrechen, ich bringe ihn sofort wieder zum Wagen, und wir fliegen nach Grenoble zurück. Dubreuil geht es so schlecht, daß er in sein Zimmer getragen werden muß. Seine Freunde, die den Raum seinen Anordnungen zufolge nicht verlassen hatten, sind überrascht über seinen Zustand. Ich weiche nicht von seiner Seite... Ein Arzt erscheint. Gerechter Himmel! Der Zustand des unglücklichen jungen Mannes klärt sich auf: Er ist vergiftet... Kaum vernehme ich diese grausige Nachricht, fliege ich schon zum Zimmer der Dubois... Die Schurkin... sie ist verschwunden... Ich eile in meine Kammer. Mein Schrank ist aufgebrochen, das wenige Geld und die paar Habseligkeiten sind geraubt und die Dubois, versichert man mir, ist seit drei Stunden mit der Post nach Turin unterwegs...

Es bestand kein Zweifel, daß sie die Urheberin dieser Anhäufung von Verbrechen war. Sie hatte sich zu Dubreuil begeben und ärgerte sich, als sie die Leute dort vorfand; da rächte sie sich an mir. Sie hatte Dubreuil beim Mittagessen vergiftet, damit der unglückliche junge Mann bei seiner Rückkehr — wenn sie ihn erfolgreich bestohlen hätte — mehr an sein Leben als an die Verfolgung dächte und sie ungestört fliehen ließe; außerdem sollte sein Tod sozusagen in meinen Armen eintreten, und dieser Unfall würde höchstwahrscheinlich mehr Verdacht auf mich als auf

sie werfen. Ich eile zu Dubreuil zurück; man läßt mich nicht mehr zu ihm vor; er stirbt im Kreise seiner Freunde, hat mich aber noch von aller Schuld freigesprochen. Er hat ihnen versichert, ich sei unschuldig, und ihnen untersagt, mich zu verfolgen. Kaum hatte er die Augen geschlossen, als sein Kompagnon mit dieser Nachricht zu mir eilte und mir beteuerte, ich könne völlig beruhigt sein...
Ach, konnte ich es denn? Konnte ich denn etwas anderes als den Verlust jenes Mannes beweinen, der sich als einziger, seit ich in Not war, so großzügig erboten hatte, mich daraus zu befreien?... Konnte ich etwas anderes als jenen Raub beklagen, der mich in den verhängnisvollen Abgrund des Elends zurückstieß, aus dem ich einfach nicht mehr herauskam? Ich klärte Dubreuils Kompagnon über alles auf, sowohl über das Komplott gegen seinen Freund als auch über das, was mir zugestoßen war. Er bedauerte mich und beklagte seinen Freund voller Bitterkeit; er tadelte das Übermaß an Zartgefühl, das mich gehindert hatte, sofort nach Kenntnis des verbrecherischen Plans der Dubois Klage zu führen. Wir errechneten uns, daß dieses scheußliche Geschöpf nur vier Stunden brauchte, um über die Grenze in Sicherheit zu sein und schon dort sein mußte, noch ehe wir ihre Verfolgung in die Wege leiten konnten. Außerdem würde das hohe Kosten bereiten. Der Wirt würde durch meine Klage sehr kompromittiert werden und sich natürlich mit allen Mitteln verteidigen. Am Ende gar würde schließlich nur jene Person allein zugrunde

gerichtet werden, von der man nichts wußte, als daß sie mit Mühe und Not einem Verbrecherprozeß entronnen war und von öffentlichen Almosen lebte...
Diese Erwägungen überzeugten und erschreckten mich dermaßen, daß ich beschloß, aufzubrechen, ohne vorher von Herrn S. — meinem Gönner — Abschied zu nehmen. Dubreuils Freund begrüßte meine Entscheidung. Er verhehlte mir nicht, daß seine Aussagen — wenn das ganze Abenteuer wieder aufgeführt werden würde — mich bei aller Vorsicht seinerseits kompromittieren müßten, sowohl wegen meiner Beziehungen zu der Dubois, als auch wegen meines letzten Spaziergangs mit seinem Freund. In Anbetracht dessen riet er mir nochmals lebhaft zu, Grenoble sofort und ohne Abschied zu verlassen. Er seinerseits wollte natürlich in keiner Weise gegen mich vorgehen. Als ich das ganze Abenteuer für mich allein noch einmal überdachte, sah ich ein, daß der Ratschlag dieses jungen Mannes insofern besonders gut war, als ich einerseits bestimmt verdächtig erschien, andererseits ebenso sicher unschuldig war. Außerdem blieb das einzige, was zu meinen Gunsten sprach, Dubreuils Empfehlung, die von ihm angesichts des Todes abgegeben, aber vielleicht schlecht formuliert worden war; diese Empfehlung war gar kein so schlagender Beweis, als daß ich mich darauf hätte verlassen können. Mein Entschluß stand also fest. Ich äußerte mich darüber zu Dubreuils Kompagnon.

„Ich wünschte, mein Freund hätte mir günstige Aufträge für Sie erteilt", sagte er. „Mit dem größten Ver=

gnügen würde ich denselben nachkommen. Ich wünschte auch, er hätte mir gesagt, daß er Ihnen den guten Rat verdankte, sein Zimmer während Ihres gemeinsamen Spaziergangs bewachen zu lassen. Aber davon war keine Rede; er hat uns nur mehrfach wiederholt, daß Sie keinerlei Schuld träfe und daß Sie in keiner Weise verfolgt werden sollten.
Ich bin also gezwungen, mich auf die Ausführung seiner Befehle zu beschränken. Wenn ich könnte, würde ich von mir aus, Mademoiselle, etwas zur Linderung des Unglücks beisteuern, das Sie, wie Sie sagen, seinetwegen erlitten haben. Aber ich stehe in den Anfängen meines Unternehmens; ich bin jung und mein Vermögen ist außerordentlich begrenzt. Es gehört mir kein Pfennig von Dubreuils Geld. Ich muß alles sogleich an seine Familie zurückzahlen. Gestatten Sie also, Sophie, daß ich mich auf den winzigen Dienst beschränke, den ich Ihnen jetzt er= weisen werde. Hier sind fünf Louisdor und das hier — bei diesen Worten holte er eine Frau ins Zimmer, die ich schon mehrfach in der Herberge gesehen hatte —, das hier ist eine rechtschaffene Händlerin aus Chalon-sur-Saône, meiner Heimatstadt. Sie hat vierundzwanzig Stunden in Lyon zu tun und kehrt dann nach Hause zurück.
Madame Bertrand", sagte der junge Mann und stellt mich der Frau vor, „ich möchte Ihnen diese junge Person empfehlen. Es wird ihr leicht fallen, in der Provinz eine Stellung zu finden. Fassen Sie es bitte als einen Auftrag meinerseits auf, wenn ich Sie bitte,

alles zu tun, damit dieses Mädchen eine ihrem Stand und ihrer Erziehung entsprechende Stellung in unserer Stadt bekommt. Bis dahin sollen ihr alle Ausgaben erspart bleiben. Ich werde bei nächster Gelegenheit alles mit Ihnen abrechnen... Adieu, Sophie... Madame Bertrand bricht heute abend auf, gehen Sie mit ihr. Hoffentlich ist Ihnen in jener Stadt mehr Glück beschieden; ich werde Sie dort vielleicht zu meiner Freude bald wiedersehen und kann Ihnen dann mein ganzes Leben lang Dankbarkeit bezeigen für alles, was Sie meinem Freund an Gutem getan haben."

Die Redlichkeit dieses jungen Mannes, der mir im Grunde nicht verpflichtet war, rührte mich unwillkürlich zu Tränen. Ich nahm seine Gaben an, schwor ihm aber, daß ich bestrebt sein werde, ihm eines Tages alles wiederzugeben. „Ach", sagte ich, nachdem ich mich zurückgezogen hatte, „wenn mich die erneute Ausübung einer Tugend auch wieder ins Unglück gestürzt hat, so bietet sich doch wenigstens zum erstenmal in meinem Leben der Schein eines Trostes in der gräßlichen Tiefe des Leids, in das die Tugend mich abermals geschleudert hat." Meinen jungen Wohltäter sah ich nicht wieder. Wie verabredet, brach ich am Abend nach Dubreuils Unglück mit der Bertrand auf.

Die Bertrand hatte einen kleinen geschlossenen Wagen und ein Pferd davorgespannt, das wir von innen abwechselnd lenkten. Im Wagen befanden sich auch ihre Waren und genügend Bargeld, dazu ein acht=

zehn Monate altes kleines Mädchen, das sie noch nährte. Unseligerweise schloß ich das Kind bald ebensosehr in mein Herz, wie es sonst nur die vermochte, die ihm das Leben geschenkt hatte.
Madame Bertrand war ein grobes Weib ohne Bildung und ohne Geist. Sie war mißtrauisch und geschwätzig, eine langweilige und borniert Klatschbase, wie es fast alle Frauen aus dem Volk sind. Jeden Abend trugen wir regelmäßig all ihre Sachen ins Hotel und schliefen gemeinsam in einem Zimmer. Wir gelangten ohne Zwischenfälle nach Lyon. Während der zwei Tage jedoch, die Madame Bertrand für ihre Angelegenheiten brauchte und die wir in der Stadt blieben, hatte ich eine außergewöhnliche Begegnung. Ich ging mit einem der Hotelmädchen, das ich zur Begleitung mitgenommen hatte, auf dem Rhonequai spazieren, als ich plötzlich den ehrwürdigen Pater Antoninus, den gegenwärtigen Guardian des Rekollektenklosters dieser Stadt und Mörder meiner Jungfräulichkeit auf mich zutreten sah. Wie Sie sich erinnern werden, hatte ich ihn in dem kleinen Kloster Sainte-Marie-des-Bois kennengelernt, in das mein Unstern mich damals geführt hatte. Antoninus redete mich ungeniert an und fragte mich in Anwesenheit des Zimmermädchens, ob ich nicht seine neue Wohnung ansehen und dort die alten Plaisirs wieder auffrischen wolle.
„Das dort ist eine schöne dicke Mama", sagte er, auf meine Begleiterin anspielend, „die ist uns ebenfalls willkommen. Wir haben lustige Brüder in unserem

Haus, die es gut aufnehmen können mit zwei hüb=
schen Mädchen."
Bei diesem Gerede wurde ich entsetzlich rot. Einen
Augenblick lang wollte ich den Mann glauben
machen, daß er sich täusche. Aber es gelang mir
nicht, und so versuchte ich, ihn durch Zeichen zu
bewegen, sich wenigstens in Gegenwart meiner Be=
gleiterin zu beherrschen. Aber der unverschämte
Mann war nicht zu beschwichtigen und bedrängte
mich immer heftiger. Endlich, auf meine wiederholte
Weigerung hin, beschränkte er sich darauf, uns nach
meiner Adresse zu fragen. Um ihn loszuwerden,
kam mir der Einfall, ihm eine falsche Anschrift zu
nennen. Er schrieb sie in sein Notizbuch und verließ
uns mit der Versicherung, daß wir uns bald wieder=
sehen würden.
Wir kehrten ins Hotel zurück. Unterwegs erklärte
ich dem Zimmermädchen so gut ich konnte, wie ich
zu dieser Bekanntschaft gekommen war. Aber sei es,
daß meine Erläuterungen sie nicht befriedigten oder
sei es die natürliche Geschwätzigkeit dieser Sorte
von Mädchen, jedenfalls entnahm ich später aus den
Worten der Bertrand, daß diese von meiner Bekannt=
schaft mit dem abscheulichen Mönch erfahren hatte.
Er tauchte jedoch nicht mehr auf und wir fuhren ab.
Wir hatten Lyon zu später Stunde verlassen und
kamen am ersten Tag nur bis Villefranche. Dort,
Madame, ereilte mich die entsetzliche Katastrophe,
die mich heute vor Ihren Augen als eine Verbreche=
rin erscheinen läßt, ohne daß ich es in dieser ver=

hängnisvollen Situation meines Lebens mehr gewesen wäre als je zuvor bei all den früheren Anlässen, die mir, wie Sie gesehen haben, so ungerechte Schicksalsschläge einbrachten, und ohne daß mich anderes in den Abgrund des Elends geführt hätte als meine Mildtätigkeit, die ich unmöglich in meinem Herzen ersticken kann.

Es war im Februar, sechs Uhr abends, als wir in Villefranche eintrafen. Wir beeilten uns mit dem Abendessen und legten uns — meine Gefährtin und ich — frühzeitig schlafen, um am nächsten Tag ein größeres Stück Weges zurückzulegen. Zwei Stunden hatten wir erst geruht, als plötzlich ein entsetzlicher Qualm in unser Zimmer drang und uns beide, eine wie die andere, aus dem Schlaf hochriß. Es bestand kein Zweifel für uns, daß ein Feuer ausgebrochen war ... Gerechter Himmel, der Brand dehnte sich in Windeseile aus. Halbnackt öffneten wir die Tür und hörten um uns herum das Krachen der zusammenstürzenden Mauern, das gräßliche Geräusch brechender Balken und die entsetzten Schreie der Unglücklichen, die in das brennende Feuer fielen. Eine Wolke von verzehrenden Flammen brauste auf uns zu und ließ uns kaum Zeit, uns ins Freie zu retten. Doch wir kamen heil hinaus und mischten uns unter die Menge der Unglücklichen, die sich gleich uns ohne Kleider und teilweise halbversengt durch die Flucht zu retten suchten ...

In diesem Augenblick erinnerte ich mich, daß die Bertrand, ganz mit sich selber beschäftigt, nicht dar=

an gedacht hatte, ihre Tochter vor dem Tod zu bewahren. Ohne sie darauf hinzuweisen, stürzte ich durch die Flammen hindurch, die mich blendeten und stellenweise meinen Körper versengten, in unser Zimmer zurück. Ich ergreife das arme kleine Geschöpf und stürze wieder hinaus, um es der Mutter zu bringen. Ich will mich auf einen halbverkohlten Balken stützen, verfehle aber den Tritt und will unwillkürlich meine Hand schützend vor mich halten. Diese instinktive Gebärde zwingt mich, meine kostbare Last loszulassen, und das unglückliche kleine Mädchen fällt vor den Augen seiner Mutter in die Flammen. Die schreckliche Frau denkt weder an den Zweck meiner Tat — nämlich, daß ich ihr Kind retten wollte — noch an die Lage, in die ich selber durch diesen Fall vor ihren Augen geraten bin. Von ihrem Schmerz gänzlich übermannt, beschuldigt sie mich des Mordes an ihrer Tochter; sie wirft sich hemmungslos auf mich und überschüttet mich mit Schlägen.

Doch der Brand verlöscht, und dank der allgemeinen Hilfe bleibt das Hotel zur Hälfte erhalten. Die Bertrand hat nur die eine Sorge, in ihr Zimmer zurückzukehren. Es ist weniger in Mitleidenschaft gezogen als alle anderen. Von neuem bricht sie in Klagen aus und wirft mir vor, man hätte ihre Tochter dort lassen sollen, sie sei gar nicht in Gefahr gewesen. Aber wie groß wird erst ihr Schrecken, als sie ihre Sachen sucht und feststellen muß, daß sie total ausgeraubt ist! Nur noch ihrer Verzweiflung und ihrer Wut gehorchend, beschuldigt sie mich mit lauter

Stimme, ich hätte Schuld an dem Brand und hätte ihn gelegt, um sie leichter bestehlen zu können. Sie klagt, sie werde mich anzeigen, und sogleich von der Drohung zur Tat schreitend, läßt sie den Richter des Ortes rufen. Ich kann ihr meine Unschuld beteuern, wie ich will, sie hört nicht auf mich. Der Richter, nach dem sie verlangt, ist nicht weit. Er selbst hat die Hilfsaktion geleitet und tritt auf Grund des Antrages der Frau sogleich in Erscheinung... Sie bringt ihre Klage gegen mich vor und stützt sie auf alles, was ihr in den Sinn kommt, um ihre Anschuldigungen zu unterstreichen und zu rechtfertigen: Sie bezeich= net mich als ein Mädchen mit schlechtem Lebens= wandel, als eine, die in Grenoble dem Strick entron= nen ist, als ein Geschöpf, das ihr ein junger Mann — zweifellos ihr Liebhaber — gegen ihren Willen aufge= drängt habe, sie spricht von dem Rekollekten in Lyon, mit einem Wort, sie vergißt nichts von alle= dem, was eine durch Verzweiflung und Rache ver= giftete Verleumdung an Wirkungsvollem einflößen kann.

Der Richter nimmt die Klage an; das Haus wird durchsucht; es stellt sich heraus, daß das Feuer in einem mit Heu gefüllten Speicher ausgebrochen ist. Diesen Speicher hatte ich nach Aussagen verschie= dener Personen am Abend zuvor betreten und das entsprach auch der Wahrheit. Ich war auf der Suche nach einem Kloset gewesen. Die Auskunft der Zim= mermädchen, an die ich mich gewandt hatte, war ungenau; so war ich auf den Speicher geraten und hatte mich dort lange genug aufgehalten, um den Verdacht zu rechtfertigen. Das Gerichtsverfahren wird in aller Form eingeleitet, die Zeugen werden vernommen; was ich zu meiner Verteidigung vorzubringen habe, wird gar nicht erst angehört. Es ist erwiesen, daß ich die Brandstifterin bin; es steht fest, daß ich Komplicen habe, die, während ich meine Rolle spielte, ihrerseits den Diebstahl bewerkstelligten, und so werde ich am folgenden Tag beim Morgengrauen ohne weitere Untersuchungen in das Lyoneser Gefängnis abtransportiert und als Brandstifterin, Kindsmörderin und Diebin in das Gefangenenregister eingeschrieben.

Schon seit langem war ich Verleumdung, Ungerechtigkeit und Unglück gewohnt; ich hatte mich von Kindheit an jeder tugendhaften Regung mit der vollen Überzeugung hingegeben, daß sie mir Mühsal bringen würde, und so war mein Schmerz eher stumpf als zerreißend, so weinte ich mehr, als daß ich mich beklagte. Da ein leidendes Geschöpf jedoch von Natur aus alle möglichen Mittel sucht, sich aus dem Abgrund zu retten, kam mir der Pater Antoninus in den Sinn. So gering auch die Hilfe war, die ich von ihm erwarten konnte, versagte ich mir doch nicht den Wunsch, ihn zu sehen, sondern ich ließ ihn rufen. Da er nicht wissen konnte, wer ihn sprechen wollte, erschien er und tat so, als kenne er mich nicht. Ich sagte dem Gefängniswärter, daß er sich möglicherweise nicht mehr an mich erinnern könne, da ich sehr jung gewesen sei, als er mein Gewissen lenkte, und darum bäte ich um eine Aussprache unter vier Augen. Man war beiderseits damit einverstanden. Kaum war ich mit dem Mönch allein, da warf ich mich ihm zu Füßen und beschwor ihn, mich aus dieser grausamen Lage zu befreien. Ich bewies ihm meine Unschuld und verhehlte ihm nicht, daß seine unanständigen Bemerkungen vor zwei Tagen die Person, der ich anempfohlen war, gegen mich eingenommen habe. Sie stünde jetzt auf der gegnerischen Seite. Der Mönch lauschte mir sehr aufmerksam, und kaum hatte ich geendet, sagte er folgendes:

„Hör zu, Sophie, und rege dich nicht wie üblich auf, wenn man deine verfluchten Vorurteile verletzt. Du siehst selbst, wohin dich deine Prinzipien geführt haben. Du kannst dich jetzt mühelos davon überzeugen, daß sie dich von einem Unglück ins andere stürzen. Lasse also, wenn du dich retten willst, dies eine Mal in deinem Leben von ihnen ab. Ich sehe nur einen Weg. Wir haben hier einen Pater, der ein naher Verwandter des Gouverneurs und des Intendanten ist. Ich werde ihn in die Sache einweihen. Du mußt dich als seine Nichte ausgeben, und mit dieser Begründung wird er um deine Freilassung ersuchen. Mit dem Versprechen, dich für immer ins Kloster zu stecken, wird er meiner Überzeugung nach den Fortgang des Gerichtsverfahrens aufhalten. Wenn es soweit ist, wirst du aus der Öffentlichkeit verschwinden. Er wird dich dann in meine Hände übergeben und ich werde für dein Versteck sorgen, bis neue Umstände es mir erlauben, dir die Freiheit wiederzu=

schenken. Aber während dieser Haft wirst du mir gehören. Ich verschweige dir nicht, daß du meinen Launen als Sklavin unterjocht wirst und dieselben restlos und ohne Überlegung zu befriedigen hast. Du hörst das, Sophie, und du kennst mich. Also wähle zwischen diesem Ausweg und dem Schafott und laß mich nicht auf deine Antwort warten."

„Gehen Sie, Pater", erwiderte ich entsetzt, „gehen Sie! Es ist unmenschlich, meine Lage so grausam ausnutzen zu wollen und mich vor die Wahl zwischen Tod oder Schmach zu stellen. Verlassen Sie mich! Ich werde unschuldig zu sterben wissen und wenigstens ohne Gewissensbisse in den Tod gehen."

Mein Widerstand entflammt den Schurken. Er wagt mir zu zeigen, in welchem Maße seine Leidenschaften erregt sind. Der infame Mensch... Inmitten von Grauen und Kerkerketten, ja, unter dem drohenden Richtschwert erkühnt er sich, an Liebkosungen zu denken. Ich will fliehen; er verfolgt mich und wirft mich auf mein erbärmliches Strohlager, und wenn er sein Verbrechen auch nicht gänzlich vollendet, so bedeckt er mich doch mit den unseligen Spuren seiner Leidenschaft, und ich kann die Abgründigkeit seiner Absichten unmöglich noch weiter in Zweifel ziehen.

„Hören Sie", sagte er, sich aufrichtend, „Sie wollen nicht, daß ich Ihnen nützlich bin. Schön, ich gehe und werde Ihnen weder helfen noch schaden. Aber wenn Sie nur ein einziges Wort gegen mich vorbringen, so werde ich Ihnen die ungeheuerlichsten Verbrechen zur Last legen und Sie zugleich jeder Möglichkeit

berauben, sich zu verteidigen. Überlegen Sie es sich gut, ehe Sie reden, und behalten Sie im Sinn, was ich dem Wärter jetzt sage; andernfalls werde ich Sie augenblicklich vernichten."
Er klopft, der Wärter tritt ein:
„Monsieur", sagte der Bösewicht zu ihm, „das gute Mädchen hat sich geirrt. Sie wollte einen Pater Antoninus sprechen, der in Bordeaux lebt. Ich kenne sie nicht und habe sie auch nie gesehen. Sie hat mich gebeten, ihre Beichte zu hören, das habe ich getan. Sie kennen unsere Gesetze, ich habe also nichts hinzuzufügen. Ich empfehle mich Ihnen beiden und stehe jederzeit zur Verfügung, sofern man meiner Dienste bedarf."
Nach diesen Worten entfernte sich Antoninus und ließ mich ebenso überrascht über seine Spitzbüberei wie verwirrt von seiner Frechheit und Ausschweifung zurück.
Niemand arbeitet so schnell wie die unteren Gerichte. Fast stets setzen sie sich aus Dummköpfen, törichten Eiferern oder brutalen Fanatikern zusammen, die sicher sind, daß bessere Augen ihre Dummheit korrigieren werden, und die daher unbedenklich Torheiten begehen. Von den acht oder zehn Ladenschwengeln, die das achtbare Gericht dieser Stadt von Bankrotteuren bildeten, wurde ich einstimmig zum Tode verurteilt und unverzüglich zur Bestätigung des Urteils nach Paris überführt. Bitterste Betrachtungen zerrissen mein Herz nun vollends.
„Unter welchem Unstern muß ich geboren sein", sag=

te ich mir, „daß ich unmöglich eine tugendhafte Mei=
nung fassen kann, ohne daß eine Flut von Unheil
über mich kommt. Wie ist es nur möglich, daß die
erleuchtete Vorsehung, deren Gerechtigkeit ich so
gern verehre, daß sie mir diejenigen, die mich mit
ihren Lastern zugrunde gerichtet haben, auf dem Gip=
fel des Glücks präsentiert und mich selbst zugleich
für meine Tugenden straft? In meiner Kindheit ver=
suchte ein Wucherer, mich zum Diebstahl anzustif=
ten, ich weigere mich: Er wird reich und ich entgehe
mit Mühe dem Galgen. Einige Spitzbuben wollen
mich im Wald vergewaltigen, weil ich mich weigere,
ihnen zu folgen: Ihnen geht es gut und ich falle in
die Hände eines verderbten Marquis, der mir hundert
Hiebe mit einem Ochsenziemer verpaßt, weil ich
seine Mutter nicht vergiften wollte. Von dort ge=
lange ich zu einem Arzt, den ich von einem gräß=
lichen Verbrechen abhalte: Als Lohn verstümmelt
und brandmarkt mich der Henker und jagt mich
davon. Zweifellos gelangen seine Verbrechen zur
Ausführung, er macht sein Vermögen und ich bin ge=
zwungen, um Brot zu betteln. Ich will die heiligen
Sakramente empfangen; voller Inbrunst will ich das
höchste Wesen anflehen, von dem ich schon soviel
Leid erfahren habe: Das erhabene Tribunal, vor dem
ich mich durch eines unserer heiligsten Mysterien
reinzuwaschen hoffe, wird zum grauenhaften Schau=
platz meiner Entehrung und meiner Schande. Das
Ungeheuer, das mich mißbraucht und schändet
kommt alsbald zu höchsten Ehren, während ich ab=

grundtief im Elend versinke. Ich will einen Armen unterstützen: Er beraubt mich. Ich eile einem Ohn=
mächtigen zu Hilfe: Der Bösewicht läßt mich eine Winde drehen wie ein Arbeitstier; schwinden mir die Kräfte, so überhäuft er mich mit Schlägen. Alle Gunst des Schicksals wird ihm zuteil, ich dagegen soll mein Leben verlieren, weil ich zur Arbeit bei ihm gezwungen worden bin. Ein nichtswürdiges Weib will mich zu einem neuen Verbrechen verführen: Zum zweitenmal verliere ich meine wenigen Hab=
seligkeiten, um das Vermögen ihres Opfers zu ret=
ten und den Betreffenden vor Unheil zu bewahren: Als Lohn will mir der Unselige seine Hand bieten, aber er stirbt zuvor in meinen Armen. Ich setze mich dem Feuer aus, um ein fremdes Kind zu retten: Und nun stehe ich zum drittenmal unter dem Schwert der Themis. Ich bitte einen Unglücklichen, der mich geschändet hat, um Schutz. Ich habe die kühne Hoff=
nung, daß er vom Übermaß meines Leidens ergriffen ist: Aber nur um den erneuten Preis meiner Entehrung ist der Barbar zur Hilfe gewillt... O Vorsehung, ist es mir endlich gestattet, deine Gerechtigkeit an=
zuzweifeln? Sag mir: Wie hätte die Geißel, die mich plagte, noch schlimmer sein können, wenn ich — dem Beispiel meiner Peiniger folgend — einzig dem Laster gehuldigt hätte?

Solcherart waren die Verwünschungen, Madame, die ich mir unwillkürlich erlaubte, die mir die Grauen=
haftigkeit meines Schicksals abnötigte, als Sie so gü=

tig waren, Ihren mitleidigen Blick auf mich zu lenken... Tausendmal bitte ich um Vergebung, Madame, daß ich Ihre Geduld solange mißbraucht habe. Meine Wunden sind wieder aufgebrochen und Ihre Ruhe habe ich gestört: das ist alles, was wir beide mit der Erzählung dieser grausamen Abenteuer erreicht haben. Die Sonne geht auf, meine Wächter werden mich rufen; lassen Sie mich dem Tod entgegeneilen: Ich fürchte ihn nicht mehr, er wird meine Qualen verkürzen, er wird sie beenden. Nur für ein glückliches Wesen, dessen Tage unbeschattet und klar sind, ist der Tod ein Schrecken. Aber ein unglückliches Geschöpf, das nur Schlangen umarmt hat, dessen blutige Füße nur auf Dornen getreten sind, das die Menschen nur kennengelernt hat, um sie zu hassen, das beim Anblick der Morgenröte immer nur Abscheu empfand, ein Geschöpf, dem die Widrigkeiten des Schicksals nacheinander Eltern, Vermögen, Hilfe, Schutz und Freunde geraubt haben, das niemanden mehr auf der Welt hat, das sich nur noch in Tränen badet und an Trübsal labt... solch ein Geschöpf, sage ich, sieht den Tod ohne Schaudern kommen. Es wünscht ihn herbei wie einen sicheren Hafen, darin ihm endlich Ruhe beschieden ist: Im Schoß eines Gottes, der zu gerecht ist, um zu dulden, daß die auf Erden erniedrigte und verfolgte Unschuld eines Tages im Himmel nicht Lohn für ihre Tränen fände.'

Der ehrbare Herr de Corville hatte diesen Bericht nicht ohne tiefe Ergriffenheit vernommen. Was Madame de Lorsange betraf, deren Empfindsamkeit (wie wir schon bemerkt haben) trotz der ungeheuerlichen in ihrer Jugend begangenen Fehltritte keineswegs erloschen war, so fühlte sie sich der Ohnmacht nahe. „Mademoiselle", sagte sie zu Sophie, „es fällt schwer, Sie anzuhören, ohne das lebhafteste Interesse an Ihnen zu nehmen... Aber ich muß gestehen, daß mich ein unaussprechliches Gefühl, das weit über das eben genannte Interesse hinausgeht, unbezwinglich zu Ihnen hinzieht; es läßt mich Ihre Leiden wie meine eigenen empfinden. Sie haben mir Ihren Namen vorenthalten, Sophie, Sie haben mir Ihre Herkunft verschwiegen... Ich bitte Sie inständig: geben Sie mir Ihr Geheimnis preis. Glauben Sie nicht, es sei eitle Neugierde, die mich so zu Ihnen sprechen läßt. Wenn meine Vermutung zuträfe... O Justine, wenn Sie meine Schwester wären!"

„Justine...? Madame, welchen Namen sprechen Sie aus!"

„Sie müßte heute in Ihrem Alter sein."

„O Juliette, du bist es!" sagte die unglückliche Gefangene und warf sich Madame de Lorsange in die Arme... „Du, meine Schwester, großer Gott...

Welch eine Lästerung habe ich begangen, ich habe an der Vorsehung gezweifelt... Ach, jetzt gehe ich nicht mehr so unglücklich in den Tod, nachdem ich dich noch einmal habe umarmen können."
Die beiden Schwestern lagen sich eng umschlungen in den Armen. Sie äußerten sich nur noch durch Schluchzen und verständigten sich allein durch Tränen... Auch Herr de Corville vermochte seine Tränen nicht zurückzuhalten; er sah, daß er nicht umhin konnte, das größte Interesse an der Angelegenheit zu nehmen und begab sich eiligst in sein Zimmer.
Er schrieb dem Justizminister. In blutigen Zügen schilderte er das grausige Geschick der unglücklichen Justine, er verbürgte sich für ihre Unschuld und bat, daß sein Schloß der Angeklagten bis zur Klärung des Prozesses als alleiniges Gefängnis dienen möge. Er verpflichtete sich, das Mädchen auf ein erstes Ersuchen hin dem obersten Chef der Justiz vorzuführen. Das Schreiben händigte er den beiden Kavalieren aus. Er gibt sich ihnen zu erkennen und befiehlt ihnen, den Brief unverzüglich zu befördern und, sobald eine Order des Chefs der Gerichtsbehörde vorläge, die Gefangene bei ihm abzuholen. Die beiden Männer leisteten seinen Anweisungen unbedenklich Folge, sobald sie sehen, mit wem sie es zu tun haben. Unterdessen fährt ein Wagen vor...
„Kommen Sie, schöne Unglückliche", sagte jetzt Herr de Corville zu Justine, die er noch in den Armen ihrer Schwester fand. „Kommen Sie, in einer Viertelstunde wird sich alles für Sie zu einem Besseren wen=

den. Es soll nicht heißen, daß Ihre Tugenden hienie=
den keinen Lohn fänden und daß Sie immerdar nur
auf eiserne Herzen stießen... Folgen Sie mir, Sie
sind meine Gefangene. Von nun an trete ich für Sie
als Bürge ein."
Und dann erklärte Herr de Corville in wenigen Wor=
ten, was er veranlaßt hatte...
„Ehrwürdiger und zugleich geliebter Mann", sagte
Madame de Lorsange, sich vor die Füße ihres Ge=
liebten stürzend, „das ist die schönste Tat, die Sie in
Ihrem Leben je vollbracht haben. Wer wirklich das
Menschenherz und den Sinn des Gesetzes kennt, dem
bleibt es vorbehalten, die unterdrückte Unschuld zu
rächen, der unglücklichen, vom Schicksal Übermann=
ten zu helfen... Ja, hier steht sie... Hier steht sie,
Ihre Gefangene... Geh, Justine, geh, eile, die Fuß=
stapfen dieses gerechten Beschützers zu küssen, der
dich niemals wie die anderen im Stich lassen wird...
Oh, Monsieur, wenn mir die zu Ihnen geknüpften
Bande der Liebe auch vorher schon kostbar waren,
um wieviel teurer werden sie mir jetzt, da sie durch
natürliche Bande verziert und von der zärtlichsten
Achtung umschlungen sind."
Und die beiden Frauen küßten nach Herzenslust die
Knie dieses so überaus großzügigen Freundes und
benetzten sie mit ihren Tränen. Man machte sich
auf den Weg. Monsieur de Corville und Madame de
Lorsange hatten übermäßige Freude daran, Justine
aus den Tiefen des Elends auf den Gipfel des Wohls
und Glücks zu heben. Es war ihnen eine Wonne, sie

mit den leckersten Speisen zu verwöhnen und sie auf das weichste Lager zu betten; sie baten sie, über ihr Haus zu verfügen. Kurzum, sie ließen alles Zartgefühl walten, das man von zwei empfindsamen Seelen erwarten kann... Während der folgenden Tage wurde sie gepflegt, gebadet, geputzt und geschmückt. Sie war das Idol zweier Liebhaber, die darin wetteiferten, sie einer eher als der andere ihr Elend vergessen zu machen. Ein ausgezeichneter Künstler machte sich an die Entfernung des schandbaren Brandmals, jener grausamen Frucht der Rodinschen Bosheit. Alles verlief nach den Wünschen Madame de Lorsanges und ihres zartfühlenden Liebhabers. Schon vergingen die Spuren des Unglücks auf der reizenden Stirn der liebenswerten Justine... Schon gewann die Anmut wieder Macht über sie. Die fahle Färbung ihrer Alabasterwangen wich dem Rosarot des Frühlings. Auf den Schwingen der Freude erschien auch das seit langem von ihren Lippen verbannte Lächeln endlich wieder.

Aus Paris trafen die günstigsten Nachrichten ein. Herr de Corville hatte ganz Frankreich mobil gemacht. Er hatte auch Herrn S. in seinem Eifer von neuem befeuert. Dieser tat sich mit ihm zusammen, um Justines Mißgeschick darzustellen und ihr die so wohlverdiente Ruhe zu verschaffen... Endlich kamen Briefe des Königs und reinigten Justine von allen

Prozessen, die man seit ihrer Kindheit unrechtmäßig gegen sie angestrengt hatte. Sie erkannten ihr die bürgerlichen Rechte wieder zu und geboten sämt= lichen königlichen Gerichten, die sich gegen diese Un= glückliche verschworen hatten, für immer zu schwei= gen. Aus dem beschlagnahmten Kapital der Falsch= münzerwerkstätte in der Dauphiné wurden ihr zwölf= hundert Pfund Rente zugesprochen. Beinahe wäre sie vor Freude über diese schmeichelhaften Neuig= keiten gestorben. Tagelang vergoß sie süßeste Trä= nen im Schoß ihrer Gönner. Plötzlich aber wechselte ihre Stimmung ohne ersichtlichen Grund. Sie wurde schwermütig, unruhig und träumerisch; hin und wie= der fing sie im Kreise ihrer Freunde an zu weinen, ohne daß sie die Ursache ihrer Tränen erklären konnte.
„Ich bin nicht für so überschäumendes Glück gebo= ren", sagte sie zuweilen zu Madame de Lorsange... „Oh! Liebe Schwester, es kann unmöglich von Dauer sein."
Man mochte sie noch so sehr bereden, daß sie keinen Anlaß zur Unruhe mehr habe, nachdem alle Affären beendet seien. Auch die Tatsache, daß man in den über ihre Person gefertigten Berichten mit Bedacht keine der Persönlichkeiten namentlich genannt hatte, mit denen sie zusammengestoßen war und deren An= sehen sie womöglich zu fürchten hatte; auch diese Vorsorge hätte sie nur beruhigen können. Aber nichts vermochte sie zu überzeugen. Es war, als hätte dieses arme Mädchen — einzig dem Unglück und die

Hand des Unheils stets über seinem Haupte fühlend — schon den letzten endgültig vernichtenden Schlag vorausgeahnt.
Madame de Lorsange wohnte noch auf dem Land. Der Sommer war fast zu Ende. Man plante einen Spaziergang, als ein heraufziehendes Unwetter das Vorhaben zu vereiteln schien. Wegen der unmäßigen Hitze hatte man alle Fenster im Salon weit öffnen lassen. Es blitzt und hagelt, der Wind pfeift wütend, furchtbare Donnerschläge sind zu hören. Die entsetzte Madame de Lorsange... Madame de Lorsange, die vor dem Gewitter gräßliche Angst hat, bittet ihre Schwester, alles so schnell wie möglich zu schließen. Im gleichen Augenblick betritt Herr de Corville das Zimmer. Justine will ihre Schwester beruhigen. Sie eilt zu einem Fenster, kämpft minutenlang gegen den Sturm an, wird plötzlich von einem Blitzschlag in den Salon zurückgeschleudert und bleibt leblos auf dem Boden liegen. Madame de Lorsange stößt einen jammervollen Schrei aus... Sie wird ohnmächtig. Herr de Corville ruft um Hilfe; man nimmt sich der beiden an; Madame wird wieder zum Leben erweckt, aber die unglückliche Justine war so getroffen, daß keine Hoffnung mehr für sie bestand. Der Blitz war von rechts eingedrungen, hatte ihre Brust verbrannt und war durch ihren Mund wieder ausgetreten. Ihr Antlitz war dermaßen entstellt, daß es einen grauste, sie anzuschauen. Herr de Corville wollte sie sogleich forttragen lassen. Aber Madame de Lorsange erhob sich — aufs äußerste gefaßt — und stellte sich ihm

in den Weg. „Nein", sagte sie zu ihrem Liebhaber, „nein, laß sie mir noch einen Moment vor Augen. Ich muß sie betrachten, um mich in dem eben gefaß= ten Entschluß zu bestärken. Hören Sie mich an, Mon= sieur, und vor allem widersetzen Sie sich nicht mei= nem Entschluß, von dem nichts auf der Welt mich wieder abbringen kann.

Das unerhörte Leid, das diese Unglückliche erlitten hat, obgleich sie immer nur die Tugend achtete: Es ist allzu außergewöhnlich, Monsieur, als daß es mir nicht die Augen über mich selbst geöffnet hätte. Glauben Sie nicht, ich sei von dem falschen Glanz der Glückseligkeit geblendet, den wir ihre bösen Pei= niger im Laufe ihrer Abenteuer genießen sahen. Die Launen des Schicksals sind ein Rätsel der Vorsehung, das zu entschleiern uns nicht zusteht. Doch niemals dürfen wir uns von ihnen verführen lassen. Das Ge= deihen des Bösen ist nichts weiter als eine Prüfung, die uns die Vorsehung auferlegt. Es ist wie ein Blitz, dessen trügerischer Schein die Atmosphäre nur für einen Augenblick verklärt, um dann den Unseligen, den dieser Anblick betört, in den Abgrund des Todes zu schleudern... Das Beispiel hierfür steht vor un= seren Augen. Die fortgesetzten Nöte, das erschrek= kende endlose Unglück dieses unseligen Mädchens ist eine Warnung des Ewigen an mich, mein lieder= liches Dasein zu bereuen, auf die Stimme meines Ge= wissens zu hören und mich endlich in seine Arme zu werfen. Welche Behandlung habe ich einst von ihm zu befürchten, ich... deren Verbrechen Sie mit

Grauen erfüllen würden, wenn Ihnen dieselben bekannt wären ... ich, deren Ausschweifung und Unglauben ... deren Verzicht auf alle Grundsätze mein ganzes Leben geprägt hat ... Was habe ich erst zu erwarten, wenn schon jene, die sich ihr ganzes Leben hindurch keinen einzigen freiwilligen Fehltritt vorzuwerfen hatte, so behandelt worden ist.

Wir wollen auseinandergehen, Monsieur, der Zeitpunkt ist gekommen ... Keine Kette bindet uns aneinander. Vergessen Sie mich und finden Sie sich damit ab, daß ich in ewiger Reue zu Füßen des höchsten Wesens für die Freveltaten, mit denen ich mich befleckt habe, Abbitte tue. Zu meiner Bekehrung in diesem Leben und zu dem Glück, das ich mir für andere zu erhoffen wage, war dieser gräßliche Schicksalsschlag vonnöten. Leben Sie wohl, Monsieur! Sie werden mich nie mehr wiedersehen. Als letzte Freundschaftsbezeigung erwarte ich von Ihnen, daß Sie keinerlei Nachforschungen anstellen, um in Erfahrung zu bringen, was aus mir geworden sei. Ich erwarte Sie in einer besseren Welt. Ihre Tugenden werden Sie dort hinführen. Mögen die Kasteiungen, denen ich mich unterziehe, um meine vergangenen Verbrechen in den mir noch bleibenden Jahren zu tilgen, mögen sie mir erlauben, daß ich Sie eines Tages dort wiedersehe."

Madame de Lorsange verläßt alsbald das Haus. Sie läßt einen Wagen anspannen, nimmt etwas Geld mit und überträgt alles übrige Herrn de Corville mit der Maßgabe, fromme Stiftungen anzulegen. Sie eilt nach

Paris und tritt dort bei den Karmeliterinnen ein, für die sie in wenigen Jahren sowohl wegen ihrer großen Frömmigkeit als auch wegen ihrer weisen Einsicht und außergewöhnlichen Sittenstrenge ein Muster=
beispiel wird. Herr de Corville wird verdientermaßen mit den höchsten Ämtern seines Vaterlandes ausge=
zeichnet und wirkt ausschließlich zum Wohl des Vol=
kes wie zum Ruhm seines Herrschers und zum Glück seiner Freunde.

Oh Ihr, die Ihr diese Geschichte leset, vermöchtet Ihr doch denselben Nutzen daraus zu ziehen wie jene weltgewandte, jedoch bekehrte Dame! Könntet Ihr doch zu ihrer Überzeugung gelangen, daß wahres Glück nur im Schoße der Tugend zu finden ist, deren Verfolgung – wenn überhaupt – Gott nur billigt, um ihr im Himmel um so glänzenderen Lohn zu bescheren.

                              Beendet nach vierzehn Tagen
                              8. Juli 1787